D1618872

Flâneries vénitiennes pour rêveurs attentifs

(anti-guide)

© L'Harmattan, 2014

5-7, rue de l'École-Polytechnique, 75005 Paris

www.harmattan.com
diffusion.harmattan@wanadoo.fr
harmattan1@wanadoo.fr

ISBN : 978-2-343-02946-7
EAN : 9782343029467

PIERRE SCHUSTER

Flâneries vénitiennes pour rêveurs attentifs

(anti-guide)

du même auteur

Meurtre à Venise, Editoria Universitaria, Venezia, 2006

Visit Venice ! Rapport d'étape, Venezia, 2008

Mauvaises nouvelles, L'Harmattan, Paris, 2011

Dernières nouvelles, L'Harmattan, Paris, 2013

Je suis belle, ô mortels ! comme un rêve de pierre,
Et mon sein, où chacun s'est meurtri tour à tour,
Est fait pour inspirer au poète un amour
Éternel et muet ainsi que la matière...

Charles BAUDELAIRE, *Les Fleurs du mal*

Remerciements

Ce livre n'aurait pas existé
sans la sollicitude pressante de
mes amis dont Sylvie Ramond
(toi qui connais Venise, tu ne
pourrais pas...?), la complicité
bienveillante de certains
bedeaux, sacristains et curés
qui m'ont ouvert bien des portes,
de l'amabilité des serveuses
et serveurs de restaurants,
de Marie-Claude Schoendorff
qui a impitoyablement traqué
toutes les fautes d'orthographe,
les erreurs syntaxiques
et les innombrables *délits*
typographiques, de Mario Dea
qui a assuré la correction
de la partie italienne,
de tous les Vénitiens
accueillants qui m'ont laissé
pousser les portes entr'ouvertes,
de Laurence Martin
qui est l'auteure de la
photographie de couverture,
et du savoir-faire et de la
patience de Jérôme Séjourné
(atelier Perluette à Lyon).

Pour Paul Gauzit

Infatigable marcheur, avec qui ces flâneries
ont été minutieusement testées au prix
de quelques cigares et de nombreuses grappas...

Flâneries ? Mais non, il s'agit d'un parcours fléché. Le rêveur aussi « attentif » soit-il, aura tôt fait de prendre la tangente. Le sous-titre de ce livre l'y invite : *Antiguide*.

Je me suis longtemps perdu dans Venise. Ce n'est plus le cas aujourd'hui, ou du moins rarement. C'était si beau, se perdre, se heurter à l'eau d'un canal alors que je pensais déboucher sur le *campo* espéré.

Donc cet anti-guide est un guide et ce guide est une invitation à la flânerie la plus condamnable, celle qui refuse les dates (de mort et de naissance du Titien) et les choix (tel Bellini plutôt que tel Lotto).

Ce que j'aime, c'est l'enthousiasme communicatif de son auteur, son ton enjoué, savant et personnel. Décidemment un anti-guide...

Pierre Rosenberg
de l'Académie française

PROLÉGOMÈNES

On ne lit plus Taine, et l'on a tort : *Venise, c'est la perle de l'Italie.*
Dans toute la presqu'île rien ne peut lui être comparé. Quand on
regarde ces palais de marbre, ces ponts de marbre, ces églises de mar-
bre, cette superbe broderie de colonnes, de balcons, de fenêtres, de cor-
niches gothiques, mauresques, byzantines et l'universelle présence
de l'eau mouvante et luisante, on se demande pourquoi on n'est pas
venu ici tout de suite, pourquoi on a perdu deux mois dans les autres
villes, pourquoi on n'a pas employé tout son temps à Venise. On fait
le projet de s'y établir, on se jure qu'on y reviendra ; pour la première
fois on admire non pas seulement avec l'esprit, mais avec le cœur, les
sens, toute la personne ; on se sent prêt à être heureux ; on se dit que
la vie est belle et bonne... La gondole avance d'un mouvement insen-
sible. On voit onduler sur la large nappe du canal les formes rosées
ou blanchâtres des palais endormis dans la fraîcheur et le silence de
l'aube ; on oublie tout, son métier, ses projets, soi-même ; on regarde,
on cueille, on savoure, comme si tout d'un coup, affranchi de la vie,
on planait au-dessus des choses, dans la lumière et dans l'azur
(Hippolyte TAINE, *Voyage en Italie*, 1866).

Et toi, bien sûr, tu n'es jamais allé à Venise, mais tu t'apprêtes à
le faire ? C'est la *première* fois ? Bravo ! Tu attends de moi félicita-
tions, mêlées d'envie peut-être, plaisir partagé ? Eh bien, non !
En fait, je te plains, et ceci pour deux raisons.

La première, c'est que tu ne verras rien, que tu ne comprendras
rien. Tu resteras à la surface des *campi*, dans l'obscurité des *calle*
(ruelles), dans l'écume des *rii* (canaux) et de la lagune. Quel que

soit le temps dont tu disposes (combien, dis-tu ?, trois jours ! pas de quoi pavoiser... huit jours ! pas mal pour un début !), quelles que soient les circonstances (voyage de noces, la plus terrible, car il faudra choisir entre elle et *Elle*), cagnotte de bridge ou de tarot que l'on casse entre amis (la plus débile, se paye-t-on un voyage à Venise à tempérament ?), anniversaire de mariage (pour raviver tes sens fatigués dans la ville de Casanova ?), cinquantième anniversaire (premier bilan d'une vie), ou, pire, départ à la retraite (mais peux-tu encore marcher au moins ?), quelle que soit l'organisation qui t'y emmène (tout seul, tu vas te perdre !), quelle que soit la couleur de tes guides (bleu, vert, jaune, rouge), tu vas vivre les affres de celui qui veut TOUT voir dans le temps imparti. Je regarde toujours avec effroi, dans le Guide vert, mon préféré, ce qu'il propose pour trois jours, huit jours, parfois même UN jour ! Oui, tu as bien lu, un seul et unique, microscopique petit jour ! *Pour le touriste pressé*, croit-il utile de préciser...

Toi, tu pars pour une semaine entière. C'est un peu mieux, tu fais un effort. Mais attends-toi à une semaine éreintante, à enfiler les visites au pas de charge, à avaler sans vraiment les digérer les styles et les siècles, Venise et ses mille ans d'histoire, à pester devant les portes closes d'une église ☆ ☆ ☆, *chiusa per restauro* (fermée pour restauration), à cavaler derrière ton ou ta guide qui te parlera avec l'aide d'un microphone, et que tu auras l'angoisse de perdre de vue. Heureusement, il y a le parapluie de couleur vive qu'elle brandit à bout de bras ! Tu t'imagines, perdu, égaré, errant, désemparé, désespéré dans le labyrinthe aquatique de la Sérénissime ? Ne t'inquiète pas, les rats mangeront ton cadavre ! Mais non, je plaisante !

Venise t'apparaîtra épuisante, dévorante, vaste musée sempiternellement en travaux, où tout est dispersé (on n'est pas au Mont Saint-Michel !), mille témoins de mille ans d'histoire, où passent les Lombards, les Croisades, les aventuriers, marins de tout poil et de tout bord, les Byzantins et les Turcs, toute l'aristocratie de l'Europe venue s'encanailler dans les bras des somptueuses putains de Venise ou se faire plumer dans les salles de jeux. Et les Romains ? Mais où sont les Romains, te demandes-tu soudain, toi qui as déjà *fait* Rome, Naples et Florence ? Eh bien, justement, il n'y a jamais eu de Romains à Venise et c'est tout ce qui en fait la singularité, seule de son espèce, au milieu de la Botte.

Et si, une fois arraché à la foule du pont des Soupirs, tu te retournes et passes un long moment à contempler le bassin de San Marco, le campanile de San Giorgio Maggiore, la pointe de la Dogana et la Salute, si toi aussi tu es happé par la beauté du lieu et que tu t'y laisses engloutir, si tu es fasciné par la douceur des gris, les ciels mouillés d'aquarelle, ébloui par le brasillement du soleil et le scintillement de l'eau, bercé par le gentil clapotis qui agite mollement les longues gondoles noires, bref, si tu comprends ou, mieux, si tu ressens au plus profond de tes fibres que tu es dans un lieu unique au monde, alors tu envisageras peut-être d'y retourner encore et encore.

Cette visite va changer toute ta vie. De touriste (*trois petits tours et puis s'en va...*) tu vas devenir voyageur (*viandante*). Tu comprendras que nombreuses sont les villes à avoir des amateurs mais que seule Venise a des amoureux. Tu dégusteras Venise à petites gorgées ; tant pis pour une porte fermée, une église en travaux, tu y retourneras une autre fois ! Tu t'éloigneras de l'infernal triangle d'or où les hordes de barbares s'entassent (Rialto, Piazza San Marco, pont des Soupirs). Tu t'éloigneras des flux, de l'aorte du Grand Canal, tu te perdras dans ses venelles et tu découvriras l'essentiel de Venise : ses détails. Et puis un beau matin – qui sait ? –, tu t'aventureras les mains dans les poches, sans plan et sans appareil photographique, sans ce maudit troisième œil en bandoulière, qui te fait tout voir par un trou de serrure ; tu t'émanciperas... Et un jour, un touriste égaré te demandera son chemin, et toi, toi le presque Vénitien, tu tendras ton bras vers *là*, et tu lui diras : *C'est tout droit !*

Que peut-on retenir d'un premier voyage à Venise ? De la masse d'informations reçues en plein visage, quelles sont celles qui vont te marquer ? Surtout, quelles sont celles qui te donneront l'envie d'y revenir, inlassablement, sans en être jamais rassasié ? Assurément, l'eau omniprésente, dont on sent confusément qu'elle est l'alliée (la lagune et les canaux, ce sont les murailles de Venise) et l'ennemie (le clapotis sournois qui ronge ses bases comme une lèpre insidieuse). Et puis le style si particulier des palais vénéto-byzantins, qui ne rappellent rien de connu, la puissance temporelle du palais des Doges, adossé à la basilique Saint-Marc, mystique et ruisselante d'or. Et enfin, l'absence de bagnoles, l'arrêt du tintamarre, des panaches de fumées, de l'agression des klaxons. C'est beaucoup et c'est si peu. Une première fois dans la Sérénissime, c'est un peu comme un dépucelage. C'est bien, mais trop rapide, trop désordonné, délicieux, mais brouillon. L'essentiel est que cela ne te décourage pas !

La deuxième raison pour laquelle je te plains ? Comment se fait-il qu'à ton âge, avec tes moyens, ton intelligence, ta culture, tu aies attendu si longtemps avant de faire la rencontre de ta vie ? Comment la Costa Brava, New York, les temples d'Angkor, la réserve d'Amboseli, les rizières en terrasses de Bali, le Machu Picchu même, ont-ils pu te tenir éloigné pendant si longtemps de cette ville matricielle ?

Et au bout de quelques années, de plusieurs voyages, lorsque tu penseras, à tort, avoir tout vu, **tout**, c'est-à-dire l'essentiel de la liste des *choses à faire* (horreur !) à Venise, tu entreras enfin dans les détails. Et là, tu découvriras que tu n'en as pas fini aussi facilement avec ce lieu magique entre tous.

Tu prendras l'habitude de pousser les portes entrebâillées, de parler avec des cerbères auxquels tu te feras reconnaître comme un authentique amoureux de leur Cité. Souvent cela ne marchera pas. Tu seras éconduit poliment. Mais parfois il se produira un petit miracle. Le gardien se laissera apprivoiser, il te racontera une anecdote et te laissera entrer. À ta visite suivante, quelques mois plus tard, peut-être même te reconnaîtra-t-il... Tu te seras fait d'un bedeau, d'un curé, d'un marchand de journaux, d'un pilote de *motoscafo*, d'un serveur de restaurant, un nouvel ami !

MODE D'EMPLOI

Ce livre est absolument subjectif et par conséquent arbitraire et excessif. C'est la réponse à tous ceux, nombreux, qui s'étonnent de me voir y revenir, encore et toujours. Mais peut-on raisonnablement délaisser une passion ? Imagine-t-on arrêter sa quête avant que d'en avoir fait le tour ?

Ce guide promène le lecteur le long d'itinéraires cent fois rodés, au gré du vent, et qui tentent de n'omettre rien de l'essentiel, c'est-à-dire les détails. Dix itinéraires qui tous partent d'un seul point, l'Hôtel de l'Accademia, facile à rejoindre pour ceux qui résideraient ailleurs. Le centre névralgique – la place Saint-Marc et ses alentours – n'y sera qu'esquissé, parce que, évidemment, il n'entre pas dans le cadre des *flâneries*. Tous les guides en parlent et fort bien. À part la première promenade qui est pour moi une sorte de référence, tous les autres itinéraires peuvent être parcourus dans un ordre indifférent. La météorologie joue bien sûr un rôle essentiel dans le choix. En Italie, en général, et dans un lieu aussi particulier que Venise, il ne faut pas s'agacer d'un monument provisoirement fermé (*chiuso*). Il y a tant à voir et tant à repérer pour la prochaine fois. La porte close porte en elle l'espoir d'un retour.

Se repérer dans Venise, quand on n'a pas l'habitude, relève du miracle. Chaque flânerie possède son propre plan, le plus détaillé possible.

Les numéros renvoient aux monuments décrits dans le texte et permettent de suivre le fil d'Ariane de ce fabuleux labyrinthe.

Deux conseils avant de finir. D'abord vérifier les horaires d'ouverture auprès des patients concierges de l'hôtel. Cela évite des déconvenues et des détours inutiles. Ensuite, si l'on est un habitué de la ville, effectuer la promenade en sens inverse de l'habitude. On commence par la fin et l'on se surprend souvent à découvrir des merveilles que, la fatigue de la soirée arrivant, l'on avait jusqu'alors négligées.

Flâneries vénitiennes pour rêveurs attentifs trouve un complément nécessaire sinon indispensable dans le *Glossaire curieux de Venise*. Là, tu pourras consulter, sous la forme de petits articles, des informations générales sur l'histoire, la construction, la biographie de quelques peintres et la vie débridée au XVIIIe siècle... Entre autres.

P.-S. La graphie de la toponymie relève du casse-tête. Sur un même campo tu pourras trouver différentes façons de désigner le lieu. Le vénitien ne redouble presque jamais les consonnes. Mais je suis sûr qu'entre l'italien, le français et le zézayant parler de la lagune, tu t'y retrouveras !

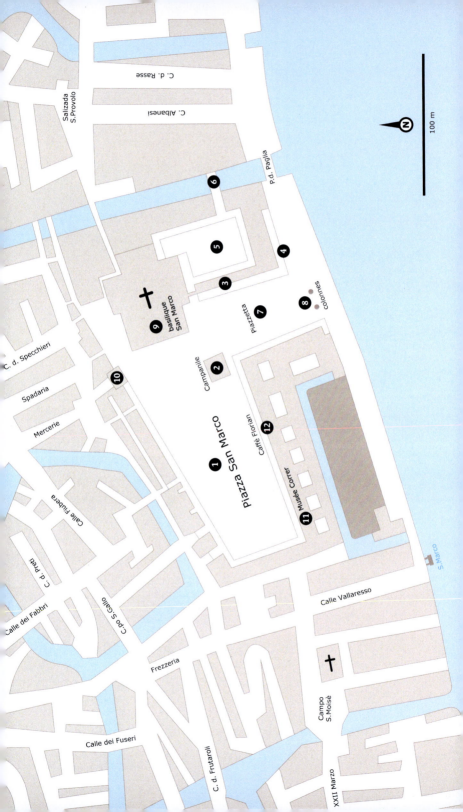

C. d. Rasse

C. Albanesi

Salizada
S.Provolo

P.d. Paglia

N

100 m

6

5

4

3

basilique
San Marco

9

piazzetta

7

colonnes

8

C. d. Specchieri

Spadaria

Mercerie

10

Campanile

2

Piazza San Marco

1

Caffé Florian

12

Calle Fiubera

Musée Correr

11

C. d. Prati

C.po S.Gallo

Calle dei Fabbri

Calle Vallaresso

S. Marco

Frezzeria

Campo
S.Moisè

Calle dei Fuseri

C. d. Frutaroli

XXII Marzo

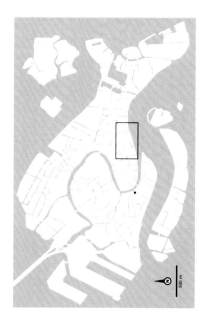

San Marco, ou le pouvoir politique et religieux

C'est évidemment par là, j'allais dire *malheureusement*, qu'il te faudra commencer, si tu n'es jamais allé à Venise. Et la visite de ce lieu exceptionnel n'a rien d'une sinécure ; d'ailleurs je l'ai exclue des *flâneries* proprement dites. Plus tard, quand la ville te sera devenue un peu plus familière, tu pourras faire l'impasse sur l'ensemble du centre névralgique de la Sérénissime, le politique, l'administratif et le religieux intimement liés, constamment envahi par la foule qui t'empêche malheureusement de visiter à ta guise, et de te concentrer sur la visite de l'un ou l'autre de ses trésors. Pour l'heure, c'est la première fois que tu viens. Tu ne peux donc pas y échapper.

Il te faudra patienter longtemps pour acquérir les sacro-saints viatiques d'entrée, avant d'enfiler la monotonie des salles du palais ducal, de frissonner dans les prisons, d'affronter la queue pour monter au campanile, sans même un regard pour la *loggetta* de Sansovino, de te frayer un chemin vers le parapet du

Ponte della Paglia pour la photo de ta douce et tendre devant le pont des Soupirs, d'étudier la tour de l'Horloge, d'admirer l'élégance des *Procuratie*, de te frayer un chemin au milieu de la foule qui engorge la Piazzetta pour y acquérir le précieux *souvenir*, preuve indispensable de sa visite.

Pour apprécier la **Piazza** ❶ relisons le président de Brosses (*Lettres familières écrites d'Italie*) :

Vous croyez peut-être que la place Saint-Marc, dont on parle tant, est aussi grande que d'ici à demain. Rien moins que cela, elle est fort en dessous, tant pour la grandeur que pour le coup d'œil, des bâtiments de la place Vendôme, bien que magnifiquement bâtie ; mais elle est régulière, carrée, longue, terminée des deux bouts par les églises de Saint-Marc et de San-Geminiano, et des côtés par les Procuraties vieilles et neuves [en réalité, la place forme un quadrilatère irrégulier dont aucun des côtés n'est parallèle. Par ailleurs, l'église San Geminiano a été détruite par Bonaparte qui y fit édifier l'aile napoléonienne pour rendre l'ensemble cohérent. Enfin, et malgré les apparences, la basilique San Marco est désaxée par rapport à la place.] *Ces dernières forment un magnifique bâtiment, tout d'un corps de logis d'une très grande longueur, orné d'architecture et le comble couvert de statues. Tant les Neuves que les Vieilles sont bâties sur des arcades, sous lesquelles on se promène à couvert, et chaque arcade sert d'entrée à un café qui ne désemplit point. La place est pavée de pierres de taille. On ne peut s'y tourner, à ce qu'on dit, pendant le carnaval, à cause de la quantité de masques et de théâtres... les Turcs, les Grecs, les Dalmates, les Levantins de toute espèce, hommes et femmes, les tréteaux de vendeurs d'orviétan* [drogue originaire d'Orvieto, à laquelle on attribuait de grandes vertus], *de bateleurs, de moines qui prêchent et de marionnettes ;... tout cela la rend la plus belle et la plus curieuse place du monde, surtout par le retour d'équerre qu'elle fait auprès de saint Marc... c'est une autre place, plus petite que la première* [la Piazzetta], *formée par le palais Saint-Marc* [en fait le palais ducal] *et le retour du bâtiment des Procuratie neuves* [la splendide Biblioteca Marciana]. *La mer, large en cet endroit, la termine. C'est de là qu'on voit le mélange de terre, de mer, de gondoles, de boutiques, de vaisseaux et d'églises, de gens qui arrivent et qui partent à chaque instant.*

Hormis la foule, les modifications napoléoniennes et les boutiques de souvenirs luxueux, presque rien n'a changé...

Le **campanile** ❷, est le *signal* de la ville, sa tour Eiffel. D'une hauteur de quatre-vingt- quinze mètres, on y jouit, à condition d'avoir la patience de faire la queue, d'une vue exceptionnelle sur Venise, privilège interdit aux étrangers de jadis afin d'éviter qu'ils ne découvrissent des secrets d'État. Édifié en plusieurs étapes vers 1500, le campanile est massif, de section carrée, surmonté d'une pyramide cuivrée que domine un archange Gabriel doré.

L'entrée se fait par la délicieuse *Loggetta* de Sansovino (vers 1540), délicate structure de marbre blanc et rose. Elle a la forme d'un arc de triomphe à trois arches, que soutiennent des colonnes bigéminées qui encadrent quatre statues de bronze, symboles du Bon Gouvernement : Minerve (force militaire), Mercure (éloquence), Apollon (harmonie politique) et la Paix. En véritable artiste de la Renaissance, Sansovino substitue les divinités antiques aux symboles religieux. Apollon, quoique habillé, dans cette superbe attitude de *contrapposto* ne te fait-il pas songer au David de Michel-Ange ? Au-dessus des arches, trois bas-reliefs représentent l'île de Candie, Venise sous la forme de la Justice et l'île de Chypre.

Le campanile abrite cinq cloches : la *Marangona* qui annonçait les travaux du Grand Conseil, la *Renghiera* qui annonçait les exécutions capitales, la *Pregadi*, la *Nona* et la *Trottiera*.

Le campanile s'écroula en 1902, sans faire de victimes, ni d'autres dégâts que lui-même. Il fut reconstruit à l'identique : *com'era, dov'era*. Comme il était, où il était.

Le **Palais ducal** ❸ a inspiré Chateaubriand :

Dans toute construction la base est ordinairement forte ; le monument diminue d'épaisseur à mesure qu'il envahit le ciel. Le palais ducal est tout juste le contraire de cette architecture naturelle : la base, percée de légers portiques que surmonte une galerie en arabesques endentées de quatre feuilles de trèfle à jour, soutient une masse carrée, presque nue ; on dirait une forteresse bâtie sur des colonnes, ou plutôt un édifice renversé planté sur son léger couronnement, et dont l'épaisse racine serait en l'air.

On dit que les plans de cet énorme parallélépipède de briques roses et blanches ont été inspirés par le temple de Salomon. Ce qu'attestent les deux colonnes de la Piazzetta...

Remarque, au niveau de la galerie, en face de la bibliothèque Marciana, un peu au-dessous et à gauche du balcon d'apparat, les deux colonnes de marbre rose, comme teintées de sang. C'est entre elles que se lisaient les sentences de mort.

Prends le temps de détailler les chapiteaux des colonnes : vices, vertus, métiers, musiciens, symboles de la foi, signes du zodiaque, animaux, jeux de l'amour y alternent. Les trois piliers d'angle représentent l'ivresse de Noé, Adam et Ève ayant commis le péché originel et dont les sexes sont habilement dissimulés par une branche feuillue, et le jugement de Salomon.

Dos à la lagune, considère le **troisième et le quatrième pilier** ❹ à droite de la colonne angulaire représentant Adam et Ève. On y pratiquait parfois le *supplice de l'espérance*. Afin de donner un peu de piment aux cérémonies de décapitation qui se passaient entre les deux colonnes de la Piazzetta à la plus grande joie des badauds, on proposait la grâce au malheureux, à condition qu'il réussisse une petite épreuve préalable : faire le tour, dos collé au troisième pilier, sans être déséquilibré, et sans tomber, du léger piédestal sur lequel repose la colonne. Épreuve dont le condamné, à moins d'être obèse, sortait toujours vainqueur. Puis on lui proposait une dernière épreuve, *promis, juré, après tu seras sain et sauf*, de se livrer au même exercice autour du quatrième pilier. Malgré tous ses efforts, le condamné vacillait et chutait. Tout cela parce que ce pilier est très légèrement décalé par rapport aux autres, et ne permet pas cette acrobatie. Essaie, tu verras !

La **cour du palais** ❺ est presque modeste, n'était le spectaculaire escalier des Géants, gardé par les statues de Mars et Neptune, symboles de la puissance terrestre et maritime de Venise. Entre.

Lorsque tu en auras fini avec le morne alignement des apparte-ments, des antichambres, des salles, de l'armurerie, d'un raffine-ment et d'un luxe inouïs, tu déboucheras enfin dans la salle du Grand Conseil. Mille trois cents mètres carrés, un plafond d'un seul tenant, sans pilier de soutènement, un exploit que réalisèrent les charpentiers de l'Arsenal. Sur un mur, l'immense *Paradis* du Tintoret, la Vierge entourée de tous les saints du paradis ; un tourbillon de 154 mètres carrés. On est au XVIe siècle et pourtant c'est la démesure. Sous le plafond, une fresque aligne les portraits des doges. Soixante-seize au total. Manque celui du traître Marino Falieri, décapité, que remplace une sinistre tenture noire portant le jugement : *hic est locus Marini Faletri decapitati pro criminibus*.

Attarde-toi dans la salle des magistrats devant les Bosch, dont le fascinant *Paradis* représente le tunnel blanc que certains rescapés de la mort décrivent aujourd'hui tel qu'ils l'ont vu pendant leur profond coma.

L'itinéraire se poursuit, après le passage aller et retour par le **pont des Soupirs** ❻, vers les Nouvelles Prisons. Succession de geôles sinistres, de cachots de pierre, de barreaux, de portes cadenassées. On peut lire les graffiti des enfermés, imaginer leurs conditions de vie, leur désespoir, le froid, la faim, la soif l'été. Je te conseille aussi la visite des itinéraires secrets (sur rendez-vous), les couloirs étroits, les escaliers dérobés, l'impressionnante salle des tortures, les petits bureaux, lugubres officines d'où les fonctionnaires zélés surveillaient la place par des judas invisibles d'en bas, colligeaient les lettres de dénonciation déposées dans les *bocche della verità*, donnaient les ordres d'arrestation vers les prisons du palais. En bas, les *Pozzi*, où, les pieds constamment dans l'eau, en lutte avec les rats, l'on devait grelotter l'hiver ; en haut, sous les toits, les *Piombi*, surchauffés l'été. J'imagine le fringant Casanova, qui réussit à s'en échapper. Venise était une ville sévèrement policée.

Si la torture fut théoriquement abolie, on y pratiquait allègrement la décapitation, et il n'était pas rare que les corps des suppliciées fussent exposés en un ou plusieurs morceaux, sur le *Ponte dei Squartai* (pont des dépecés), pour l'édification du bon peuple...

La **Piazzetta** ❼ était la véritable porte d'entrée de la ville, celle que découvraient tous les visiteurs, glissant sur l'erre paisible de leurs grands voiliers, qui arrivaient forcément de la haute mer, après avoir franchi une des passes, sur le plan d'eau du bassin de San Marco. Imagine la stupeur des roitelets européens découvrant cette architecture unique et inconnue de tous ! Ils étaient accueillis par les deux **colonnes** ❽ de granit récupérées à Césarée en 1127 et érigées en 1172, puissants piliers semblables aux deux colonnes du Temple de Salomon, nommées, dans la Bible, Boaz et Jakin (*Rois 7, 21 – 2*). Trois, en fait, mais l'une d'entre elles sombra dans le bassin, et pour des raisons techniques on ne la remonta jamais. Quelques siècles plus tard, elles furent chapeautées par le grand saint Todaro terrassant un dragon et par une espèce de lion en bronze, qui curieusement lui tourne le dos. On y pratiquait les jeux de hasard, privilège octroyé à celui qui résolut le problème de leur érection, puis l'entrecolonne devint le lieu des exécutions par décapitation, afin que les condamnés, dos à la mer, vissent sur la tour de l'Horloge, en face, *l'heure de leur dernière heure*. Aujourd'hui, un vrai Vénitien ne s'aventure jamais entre les deux colonnes (*Guardati dall'inter colonne !*).

Avant d'entrer dans la **basilique** ❾, relisons Théophile Gautier :

Rien ne peut se comparer à Saint-Marc de Venise ; la première impression est celle d'une caverne d'or incrustée de pierreries, splendide et sombre, à la fois étincelante et mystérieuse. Est-on dans un édifice ou dans un immense écrin ?... tout est recouvert de petits cubes de cristal doré, d'un éclat inaltérable, où la lumière frissonne comme sur les écailles d'un poisson et qui servent de champ à l'inépuisable fantaisie des mosaïstes... impression d'éblouissement et de vertige que cause ce monde d'anges, d'apôtres, d'évangélistes, de prophètes, de saints, de docteurs, de figures de toute espèce qui peuplent les coupoles, les voûtes, les tympans, les arcs, les piliers, le moindre pan de muraille.

Impossible de bien voir ce trésor, trop de monde, trop d'espaces protégés, trop peu de lumière, trop de distance. Les pavements de marbre, tout gondolés, parce que la technique des fondations de poteaux n'était pas encore connue, sont exceptionnels. Amuse-toi à chercher le rhinocéros et surtout les deux dodécaèdres réguliers (solides à faces pentagonales) qui seraient de Paolo Uccello, l'un à la sortie que tout le monde piétine sans égards, l'autre devant le maître-autel à l'aplomb de l'iconostase.

Les philosophes grecs étaient friands de ces jeux mathématiques qui les confortaient dans leur intuition d'un monde ordonné, d'ordre divin, donc. Le théorème de Pythagore, les harmoniques musicaux, le principe d'Archimède, le postulat d'Euclide avaient quelque chose de rassurant. Tout autre était la recherche, vaine, de la quadrature du cercle. Platon démontra qu'il n'existe que cinq polyèdres réguliers, c'est-à-dire composés de faces régulières et identiques, le tétraèdre (4 triangles équilatéraux), le cube (6 carrés), l'octaèdre (8 triangles équilatéraux), le dodécaèdre (12 pentagones) et l'icosaèdre (20 triangles équilatéraux). Le dodécaèdre, douze faces composées de pentagones réguliers, était le plus intéressant, car il comportait en lui le nombre d'or, la divine proportion (diagonale divisée par le côté). Il en est resté le mot *quintessence*. Le néoplatonisme de la Renaissance remit ces études au goût du jour (voir le portrait de Luca Paoli par Jacopo de Barbari au musée Capodimonte à Naples).

Et puis lève la tête. Au-dessus de la sombre forêt des piliers quadrangulaires massifs, la voûte scintille sombrement de toutes ses mosaïques d'or, byzantines pour la plupart, qui toutes relatent la Bible et le Nouveau Testament, comme en une bande dessinée sacrée, la Genèse, Noé et la construction de l'Arche, le Déluge (première *acqua alta*!), la Passion, l'Ascension, la Pentecôte, la découverte du corps de saint Marc. Bible illustrée, destinée aux illettrés, qui semble descendre du ciel jusqu'à eux.

Acquitte-toi d'une obole pour aller admirer la *Pala d'Oro*, merveille d'orfèvrerie gothique, commandée à Byzance au Xᵉ siècle. Sur une des lourdes portes de bronze amuse-toi à chercher un troublant petit buste de l'Arétin, poète licencieux.

Originaire d'Arezzo, surnommé le « Fléau des Princes » en raison de son sens aigu de l'irrévérence, Pierre l'Arétin (1492-1556) publia, entre autres, un recueil de Sonneti Lussuriosi (*lo voglio in culo, tu mi perdonerai...*), illustré par Giulio Romano, qui lui valut un coup de poignard et l'opprobre pontifical. Comprenant qu'il avait été sans doute trop loin, il se réfugia à Venise, ravie de l'accueillir (un ennemi des papes ne saurait qu'être ami de la Sérénissime!), où il finit paisiblement ses jours. Il sera inhumé à l'église San Luca sous une dalle qui portait l'épitaphe suivante : *Issu de souche modeste et arrivé si haut, Pierre l'Arétin a tant blâmé le vice immonde qui salissait le monde que celui-ci, par crainte, lui a payé tribut.* Sa tombe a disparu depuis...

Et saint Marc dans tout ça ? En 976 un violent incendie ravagea la première église et le saint corps fut définitivement perdu. Mais en 1094, à la suite de la reconstruction de la basilique, après de multiples processions, jeûnes et oraisons, macérations et flagellations, le pilier droit du transept, à côté des marches qui conduisent aujourd'hui les touristes dans le chœur, fut pris de tremblements et du sol sortit un bras, intact ! C'était saint Marc... On le récupéra donc, et on le plaça sous le maître-autel où il se trouve toujours. En tout cas, à ce qu'il paraît... À Venise, rien n'est jamais trop merveilleux.

Si tu veux profiter de la basilique en toute quiétude, suis mon conseil : vas-y le dimanche matin pour la grand-messe de 10 heures 30. L'entrée, par le côté gauche, est gardée par un bedeau en uniforme qui ne laisse pas entrer les touristes trop voyants, type extrême-orientaux bardés de téléobjectifs. Prends un air suave et dévot, décidé néanmoins, et entre. S'il te demande quelque chose, réponds brièvement : *messa*. Installe-toi dans la nef, sous la voûte, et regarde. Les tesselles de verre doucement illuminées laissent voir une fabuleuse bande dessinée hagiographique. On dirait de l'or fondu. Dans l'arc qui précède le cul-de-four et son Christ Pantocrator, le lion de saint Marc te regarde d'un œil méchant et halluciné. La foule est recueillie. Parfois un groupe de Philippins entre, révérencieux, mains jointes, dans une ferveur émouvante. Et puis l'orgue retentit. Une cohorte de prêtres, certains porteurs de la chasuble, d'autres d'une simple aube, entre doucement dans le chœur protégé des fidèles par l'iconostase. Tout n'est qu'onction et componction. Les magnifiques chœurs de la basilique se mettent à chanter en latin, l'*asperges me*, le *credo*, le *pater*. Je repense aux messes de mon enfance avec ma grand-mère et me surprends à entonner le *credo* avec ferveur (à part le *et expecto resurrectionem mortuorum*. La résurrection de la chair, oui ! Mais dans quel état ?). Autour de l'autel, si loin de la foule, les officiants, en un ballet savamment réglé et doucement huilé, se déplacent avec une lenteur qu'ils pensent solennelle. Autour d'eux, tout en contraste, s'agite un thuriféraire excité qui balance son encensoir de toutes ses forces, embrumant l'office d'un halo de mystère et d'effluves orientaux. L'or des mosaïques poudroie, la musique polyphonique m'élève, le rituel familier m'apaise. Je me sens bien.

La crypte peut se visiter, à la double condition d'être en tout petit groupe et de demander préalablement la permission aux services compétents situés dans les bâtiments administratifs qui jouxtent la basilique à gauche. Accompagné d'un guide aimable et après être entré dans le chœur sans faire la queue, on te fait descendre par un escalier assez raide dans ce qui fut le soubassement de la basilique originelle. La mise au sec de cette chapelle, située en permanence sous le niveau de la mer, a demandé des travaux considérables et complexes. Pour ne rien démonter, on a injecté dans tous les orifices visibles, à la seringue, un liquide imperméabilisant et traité le salpêtre.

Tu entres dans un vaste espace, ponctué d'une forêt de piliers aux chapiteaux archaïques. Au centre, un autel du IXe siècle, le reste est du XIe. Le sol a malheureusement été rehaussé au cours des siècles, de près d'un mètre, ce qui rapetisse d'autant la taille des piliers et c'est dommage. Le pavement d'origine n'est plus, l'ambiance est aseptisée. Mais l'impression est extraordinaire ; on se trouve, comme par magie, dans la Venise des origines, à l'endroit exact où le *vrai* corps de saint Marc a été initialement déposé…

À l'extrémité est des *Procuratie Vecchie* fut décidée et réalisée en 1499 la **tour de l'Horloge** ❿ qui marque l'entrée des *mercerie*, cette artère commerçante qui conduit au Rialto. Le cadran est à vingt-quatre heures. La terre est bien le centre de l'univers autour duquel tournent le soleil et quelques planètes et étoiles. Devant la Vierge et l'Enfant défilent, le jour de l'Épiphanie et de l'Ascension, les trois Rois mages qui s'inclinent respectueusement devant eux, précédés par un ange soufflant dans une trompe. Au-dessus, un lion majestueux, puis la plateforme des deux Maures, si court-vêtus qu'ils ne cachent rien de leurs attributs virils, et qui sonnent l'heure par deux fois. À midi et à minuit, les deux jaquemarts récapitulent toutes les heures de la journée. Tu peux visiter l'intérieur, découvrir l'énorme mécanisme, autrefois surveillé par un horloger qui vivait avec femme et enfants dans la tour, et dont la fonction consistait essentiellement à remonter les poids toutes les vingt heures environ et à mettre un peu d'huile dans les engrenages. Aujourd'hui, c'est un moteur électrique qui s'en charge.

Le **musée Correr** ⓫ n'est pas celui que je préfère à Venise. Il renferme au premier étage une galerie de sculptures de Canova, une succession de salles qui content l'histoire de la ville, sa monnaie, sa marine, ses fêtes, ses jeux, les arts et les métiers.

Antonio Canova (1757-1822) est né à Possagno, petite bourgade située au nord de la province de Trévise, dans une famille de tailleurs de pierre. Il intègre l'école Santa Marina à Venise, et son talent éclate rapidement. Canova est le maître de la statuaire néoclassique, inspirée des beautés idéales de l'antique. Il entretiendra d'excellentes relations avec Napoléon dont il fera la statue en dieu Mars désarmé et pacificateur qui n'aura pas l'heur de lui plaire. Il se rattrapera avec le buste de sa mère, et la célèbre Pauline Borghèse en Vénus *victrix*. Il meurt à Venise où son cœur est abrité dans un mausolée très romantique aux Frari. Son corps est rapatrié dans sa ville natale, où il repose dans un monument grandiloquent, élevé à sa gloire, le Tempio Canoviano.

Au bout de l'itinéraire on débouche dans la somptueuse bibliothèque Marciana, conçue par Sansovino. Au plafond, des médaillons représentant des figures mythologiques et allégoriques, et, sur les murs, des portraits de philosophes, plus grands que nature, par Véronèse, le Tintoret... Au milieu de cette salle, d'imposants globes terrestres, ou parfois des sphères armillaires, sont montrés de manière temporaire. Au fond, dans une pièce faisant office de vestibule, et où accède une volée d'escaliers, est exposée une exceptionnelle carte du monde connu, datant des environs de 1450, réalisée par le moine Mauro, selon les toutes dernières découvertes, portugaises en particulier pour le pourtour de l'Afrique. La carte immense, deux mètres de côté, récemment restaurée, dans un état de conservation fabuleux, est orientée sud vers le haut à la manière arabe. L'Europe, la Méditerranée, le Proche-Orient sont parfaits. L'Afrique, plus fantaisiste. C'est la première fois que le Japon est représenté sur une carte. L'Amérique en est absente, naturellement.

Le deuxième étage abrite une pinacothèque, des Bellini moyens, un Carpaccio mystérieux (*Les Courtisanes*, un *Saint Pierre Martyr* l'air désabusé), un Antonello da Messina malheureusement très abîmé, un magnifique Lotto (*Gentilhomme au béret rouge*) et surtout une fascinante *Pietà* du Ferrarais Cosme Turra. Sur ce tableau de petit format, une Vierge princière, d'inspiration nordique, la tête tournée vers sa gauche, comme pour ne pas affronter la vision de son Fils torturé, soutient son corps trop grand pour elle. Le visage qui traduit l'épuisement, la crispation des membres, la torsion des mains et des pieds, donnent une idée de ce que fut son tourment.

On peut maintenant visiter le Palais royal de l'aile napoléonienne, construit en 1807 sur ordre de l'Empereur, qu'il n'a jamais habité, mais qui a abrité les Beauharnais, l'impératrice Sissi (Élisabeth de Wittelsbach), et la maison de Savoie. Gommée, abandonnée par la jeune République italienne soucieuse d'effacer toute trace d'occupation étrangère, la succession de salons a été transformée en bureaux. Depuis quelques années, le Comité français pour la sauvegarde de Venise, créé en 1967, après les catastrophiques inondations de l'année précédente, s'est ingénié à récupérer les bureaux et à les faire restaurer. Douze pièces, sur un total de dix-sept, le sont. Elles font suite à la fastueuse salle de bal, juste après l'entrée où l'on achète les billets. Au passage, jette un coup d'œil sur la statue de Napoléon, en empereur romain, main droite tendue, globe terrestre dans l'autre, nudité fièrement drapée, plus de deux mètres de haut, sculptée par Domenico Banti. Elle fut érigée en 1811 sur la *Piazzetta*, à la demande de la Chambre de commerce, pour remercier Napoléon d'avoir permis la création d'un port franc sur l'île de San Giorgio. Démontée, disparue, elle fut rachetée, par le même Comité, pour un montant de 300 000 dollars. Son retour, la somme dépensée, firent polémique... On peut comprendre pourquoi !

L'action de Napoléon à Venise est diversement appréciée, c'est le moins qu'on puisse dire… On lui *doit* la destruction de dizaines d'églises, de couvents, la restructuration de la place Saint-Marc, le vol d'innombrables œuvres d'art, la destruction de l'Arsenal, le sabordage de la flotte, le saccage et l'incendie du Bucentaure. Le Livre d'Or et le *corno* du doge sont brûlés, les effigies de lions martelées par la soldatesque… Mais, diront ses défenseurs, il n'y a pas eu que cela. Les églises et les monastères détruits ? De nouveaux espaces verts, pour lutter contre les miasmes ! Le vol d'œuvres d'art que personne ne regardait dans les couvents désaffectés ? Un nouvel accrochage dans les salles du Louvre, ouvert à tous, pour la première fois ! Mais, aussi, des travaux portuaires, la restauration des *murazzi* (murailles) de Pellestrina, la création du cimetière de San Michele, la protection des verreries de Murano…

Avant de rentrer chez toi, je te propose une halte délicieuse mais onéreuse au **café Florian** ⑫. Dehors, sur la place, au pied du *Campanile* tu te réchaufferas au soleil mais devras affronter le crincrin de l'orchestre.

À l'intérieur, essaie de trouver un petit salon tranquille décoré de jolies gouaches sur papier, et n'hésite pas à t'installer sous le *Chinois*. Les plus grands amoureux de Venise l'ont fait avant toi.

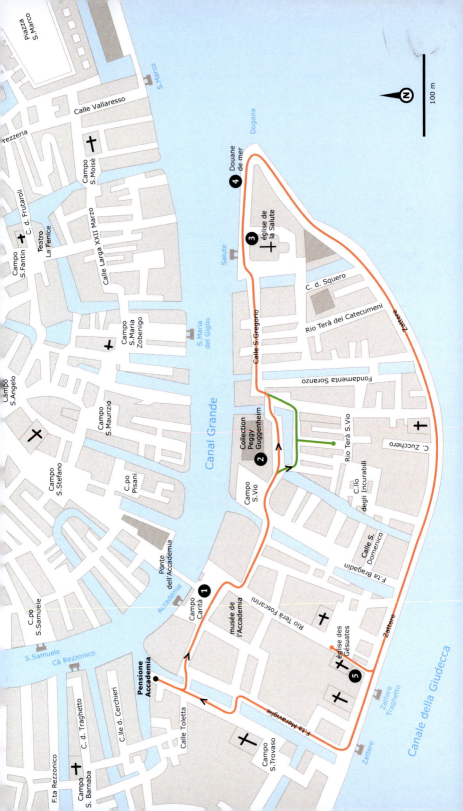

Accademia, Guggenheim, Salute, Punta della Dogana

C'est un rituel immuable que cet itinéraire qui me conduit aussitôt arrivé, à peine installé, dans la douceur de l'après-midi, à la pointe de la Dogana.

Je sors de l'hôtel, je prends tout de suite à gauche le *Ponte delle Maravegie* dont le nom vient de Dame Belisanda Maravegia qui habitait en face, il y a de cela quelques siècles, et qui, faite prisonnière sur une galère turque, préféra l'incendier et périr noyée, plutôt que de subir la captivité et les ardeurs de la soldatesque. On avait le sens de l'honneur à l'époque ! Au passage, surtout quand la douce pierre d'Istrie est attiédie par le soleil, j'aime caresser le dessus de la colonnette ivoire qui retient le parapet, et dont la forme m'évoque le délicat téton de la belle et héroïque Belisanda... Emporté par le flot des marcheurs pressés, je me retrouve bien vite à côté devant le musée de l'Accademia, sur le *Campo della Carità*.

Ça n'est pas vraiment une place, mais un petit espace coincé entre le retrait de l'imposante masse du musée de l'Accademia, la rive du Grand Canal occupée par un embarcadère imposant, et la descente du pont de bois, structure de bois provisoire – depuis un siècle! – qui déverse les touristes. Il règne, à ce point de rencontre, une ambiance de ruche que j'apprécie; quelques touristes qui s'aventurent de l'autre côté du Grand Canal et de nombreux Vénitiens qui vont ou s'en reviennent à la gare (*stazione*). On les appelle les *pendulari* (pendulaires, ceux qui font des allers-retours).

Je salue Silvestre le kiosquier, surnommé Bubo, impénitent joueur d'échecs qui a la délicatesse de faire semblant de me reconnaître, comme si j'étais du quartier:
— Avete *Le Monde,* oppure *Le Figaro* (je ne suis pas sectaire)?
— Non sono ancora arrivati!
ou bien:
— Peccato, non c'è più, mi dispiace!

Je m'amuse de l'invariable couple d'étudiants, habillés à la mode vénitienne du XVIIIe, lui en chemise à jabot, justaucorps, culotte courte et la perruque en aile de pigeon sous le tricorne, elle, en robe ample drapée sur d'invraisemblables paniers qu'elle porte aux hanches (ces mêmes paniers qui sont à l'origine oubliée de l'expression: *mettre la main au panier*), taille serrée, qui lui donnent de face la silhouette d'une grosse cloche. Ils tentent de distribuer des plaquettes publicitaires pour les concerts d'église du soir. Ah! les *Quatre Saisons*! Les aura-t-on saucissonnées dans les belles églises *déconsacrées* de Venise!

Je m'approche de l'eau. Les *vaporetti* accostent en dodelinant. Le *marinaio* crie: Accademia! Les passagers descendent et puis ceux qui patientent à couvert sur le ponton flottant montent en s'enquérant une ultime fois de la direction, que le *marinaio* leur confirme d'une voix lasse. Il lui en faut de la patience et de l'énergie ! Faire monter les touristes perdus, aider une vieille dame flageolante, ou une jeune mère encombrée d'une poussette, les faire se tasser vers l'arrière, se ménager une place pour effectuer ses manœuvres en toute tranquillité, et se frayer un passage pour changer de bord...

Derrière moi, l'imposante silhouette toujours en restructuration du **Musée de l'Accademia ❶**. Ce vaste ensemble est constitué de l'ancien couvent des chanoines de Latran, édifié d'après des cartons de Palladio, de l'église de la Carità, et de la Scuola Grande della Carità, le plus ancien collège majeur de la ville dont la fondation remonte à 1260. Affecté par le Sénat à l'Académie des beaux-arts en 1750, il devint une école de peinture, de sculpture et d'architecture. Giandomenico Tiepolo, le fils de l'immense Giambattista, en fut l'un des enseignants les plus illustres. C'est là également que fut créé l'un des tout premiers ateliers de restauration pour œuvres d'art en péril.
En travaux depuis des lustres, le musée a été enfin débarrassé de ses oripeaux d'échafaudages et de palissades de chantier. Par une entrée latérale, ornementée d'un beau portail, tu peux visiter, sous certaines conditions, une succession de salles, aujourd'hui vides, où se déploieront dans le futur, les toiles reléguées dans les réserves, ou des expositions temporaires. Palladio y a imprimé sa marque sous la forme d'un délicat escalier ovale et d'une façade de briques percée de larges fenêtres à arcades. Les demi-colonnes de brique soutiennent un linteau ornementé de médaillons et de bucranes en *terracotta*.
La *sala terrena* (salle d'accueil du rez-de-chaussée) a retrouvé sa structure d'origine. On y acquiert son billet.

Je m'en réserve la visite les jours de pluie. Il renferme quelques chefs-d'œuvre absolus.

Et pourtant, je ne suis pas fanatique des musées italiens, autant de lieux d'hébergement artificiels d'œuvres léguées, volées, récupérées ou déplacées de leurs lieux d'origine, vastes cimetières qui recueillent les œuvres expulsées que leur étiquetage signale aux visiteurs, comme une plaque funéraire. Musées-supermarchés où tout est à voir. Le triste alignement des salles mal entretenues enchaîne les cadres tassés les uns contre les autres, classés par époques, par genres, par auteurs. Le contexte est perdu. Venise est un musée à ciel ouvert et la plupart de ses chefs-d'œuvre se trouvent encore *in situ*, dans leur strict emplacement d'origine (voir la *Sacra conversazione* de Bellini à San Zaccaria, les Carpaccio de la *Scuola de San Giorgio*). À propos, pourquoi ne pas replacer dans leur contexte certaines œuvres qui y retrouveraient vie ? Je pense aux *Miracles des reliques de la Vraie Croix* qui pourraient retrouver le faste de la *Scuola di San Giovanni Evangelista*. Goethe le disait déjà : « Il faut voir les œuvres d'art dans le lieu pour lequel elles ont été conçues ».

Mais ici, à l'Accademia, c'est différent. Le musée est petit, la restructuration a encore restreint l'espace, et la direction du musée a astucieusement utilisé la chapelle pour y disposer ses chefs-d'œuvre, et y faire de toutes petites expositions thématiques, passionnantes, à propos d'une œuvre.

La salle du rez-de-chaussée vient d'être entièrement restaurée. Elle sert de billetterie. Une double volée de marches conduit aux salles.En haut de l'escalier, dans la salle des primitifs (Lorenzo Veneziano), commence par admirer le superbe plafond à caissons, dont chacun est orné d'une tête de *putti* pourvue de quatre paires d'ailes. Dans un médaillon central, un Dieu le Père, barbu, entouré de sa garde prétorienne de séraphins rouges qui volètent gracieusement autour de lui. Aux quatre coins, quatre prophètes, Isaïe, Micheas, Abias et Abacuc.

Dans la salle de gauche, le plafond de l'auberge vient d'être magnifiquement restauré (par l'association Save Venice, l'équivalent américain du Comité français pour la sauvegarde de Venise). Au centre, un Dieu le Père, magnifique sculpture de bois traitée en haut-relief, et tout autour les quatre évangélistes, reconnaissables à leur attribut et à la première page de leur évangile qu'ils sont en train d'écrire. Sur les murs un puissant Bartolomeo Vivarini représentant les quatre docteurs de l'Église et la célébrissime *Présentation de la Vierge au Temple* de Titien (voir *Glossaire curieux de Venise*).

Juste à côté, à gauche, tu entres dans l'ancienne église, lieu d'expositions thématiques et de quelques chefs-d'œuvre : Bellini, Giorgione, Vivarini...

En face t'attendent deux salles somptueuses qui contiennent l'une le *Miracle de la Vraie Croix* (série de toiles peintes pour la *scuola San Giovanni Evangelista*), l'occasion d'admirer des vues de Venise vieilles de cinq siècles, et l'autre le *Cycle de sainte Ursule* de Carpaccio destiné à la *scuola* du même nom, aujourd'hui disparue. Neuf tableaux admirables dans lesquels éclate le talent du maître.

Après être passé dans les salles consacrées à Bellini et à Cima, avoir tenté de percer les secrets de *la Tempête* de Giorgione (Adam et Ève chassés du Paradis ?), m'être attardé sur *L'Homme en noir* de Lotto, avoir regardé la curieuse *Création des Animaux* du Tintoret, j'aime à contempler une *Pietà* de Titien qu'il réalisa l'année de sa mort et qu'il destinait aux Frari où il avait fait le vœu d'être inhumé. Situé dans la salle qui abrite *Le repas chez Lévi* du Véronèse et qui attire la foule, cet ultime chef-d'œuvre du vieux maître, inachevé et complété par Palma le Jeune (une inscription en latin, en bas du tableau, l'atteste : *Ce que Titien a commencé, moi, Palma, l'ai terminé avec infiniment de respect*), est une vaste toile presque carrée, obscure, monochrome, terrible. L'arrière-plan est constitué par une construction massive, palladienne, sorte d'arc de triomphe païen qui entoure une niche circulaire obscurément dorée, comme une braise qui achève de se consumer. De part et d'autre, sur des protomés de lion, la statue de Moïse appuyé sur les tables de la loi figure l'Ancien Testament, tandis qu'à droite la Sibylle Hellespontique, prêtresse d'Apollon, annonce la Crucifixion et la Résurrection. À ses pieds, comme surgie du néant, une main implore de l'aide. Au centre, la Mère soutient le corps inerte de son Fils, trop grand et trop lourd pour elle, dont le teint cireux donne un peu de lumière. À gauche, Marie Madeleine hurle sa douleur et semble prendre le monde à témoin. Un vieillard agenouillé, presque nu, soutient le bras du Christ. Ça n'est pas Nicodème mais bien le vieux Titien qui s'est représenté. À l'extrême droite, sous la statue de la Sibylle, Titien a figuré une planche votive le représentant avec son fils Orazio, implorant une Vierge qui tient sur son sein son enfant mort de les protéger de la peste. Titien a enchevêtré les touches de peinture de son pinceau lourd, avec fougue, en les modelant du bout des doigts. Cette composition ultime et grandiose est le dernier cri de désespoir du vieux Titien.

Contournant la masse du musée par la gauche, je me retrouve face au *Rio terrà Foscarini*, qui mène directement aux *Zattere*, mais là n'est pas mon but. Pas encore. J'apprécie la sonorité de mes pas sur le sol, plus dense, jamais inondé. Il y pousse des arbres. On est ici dans le Dorsoduro, le bien-nommé.

Je prends la première *calle* à gauche (San Agnese), assez large, gentiment animée, bordée de *bacaro*, de magasins de verroterie, et de quelques galeries d'art. J'arrive rapidement à un pont que je franchis. Je m'arrête au sommet, car les ponts de Venise, surtout lorsqu'ils ménagent une vue qui porte, méritent la pause.

Les Vénitiens aiment à s'y rencontrer pour papoter. Celui-ci franchit le Rio San Vio, qui transperce sans détours la presqu'île du nord vers le sud, et permet d'apercevoir le trafic du Canal Grande, et le scintillement poudré de la Giudecca. C'est sur le *campo* homonyme que donne l'arrière du palais Barberigo, dont on peut voir la belle façade gothique et ses loggias sur trois étages, malheureusement gâchée au XIXe siècle par des mosaïques de verre lourdingues, représentant Charles Quint dans l'atelier du Titien (célèbre scène du monarque se baissant pour ramasser à terre le pinceau du Maître !) et Henri III à Murano. Sur ce *campo*, une église anglicane...

Poursuivant par la *calle della Chiesa*, j'arrive enfin, impatient, si heureux de le revoir, si familier et si présent dans ma mémoire, sur l'un des plus beaux *rii* qui soient, le rio *delle Piere Bianche* (le Dorsoduro, vous dis-je !). Je gravis les quelques marches du pont *del Formager* et là je regarde, j'absorbe, je m'imprègne. Ce canal est la partie médiane du *Rio delle Torreselle* qui relie le Canal Grande au Cannaregio selon un trajet en baïonnette. Il est bordé par deux quais, la *Fondamenta Venier* au nord, qui conduit à la célébrissime fondation Guggenheim où se presse la foule, et la *Fondamenta dell'Ospedaletto* au sud. Malgré la foule, c'est une des plus jolies vues qui puissent se concevoir.

Juste avant le musée Guggenheim, débutant sous un portique, se trouve la *Ca' Venier dei Leoni*, minuscule cul-de-sac, au fond duquel, au-dessus de plantes grasses, se vautre un angelot de marbre joufflu, presque obèse, qui semble tripoter un petit objet de sa main droite, sans doute la hampe d'un drapeau, aujourd'hui brisée. Les Vénitiens le surnomment l'angelot masturbateur !

Je reviens sur mes pas de quelques mètres, car je préfère m'engager sur le pont et prendre le quai en face. Je m'arrête au niveau de la grille qui masque à peine le jardin du *palazzetto* (*palazeto* en vénitien qui ne redouble pas les consonnes…) sis au numéro 373 : sur un gazon impeccable, quelques bacs alignés débordent de fleurs rustiques, au fond, des buissons de buis, et le long du mur qu'escaladent les troncs noueux de glycines centenaires, des plumbagos bleu ciel. Endroit de rêve…

Tu peux t'enfoncer à droite dans le dédale de ruelles, avant de reprendre ton chemin. Tu seras surpris de trouver, dans ce quadrilatère, des immeubles modernes, mal fichus, à usage d'habitation modeste, surprenants dans cette ville de palais. Mais au centre tu découvriras une maison tout en longueur, dont les quatre coins sont flanqués d'une statue du Christ sous un dais.

En face, le merveilleux musée voulu et créé par la fascinante **Peggy Guggenheim** ❷. Construit en 1750 pour la famille Venier, par l'architecte Lorenzo Boschetti, inspiré de Palladio et Longhena, ce palais néo-classique en bossage de pierres d'Istrie ne sera jamais achevé pour de basses raisons matérielles. Le *modello* de terre cuite est exposé au musée Correr et montre un majestueux édifice, élevé sur trois étages. En réalité seul le rez-de-chaussée légèrement surélevé a été édifié, sous la forme de deux petits corps de bâtiment strictement symétriques, éclairés chacun par quatre grandes baies. Un atrium les unit, prolongé, quelques marches plus bas, par un ravissant embarcadère qui s'avance dans le Canal Grande. À l'arrière, loin du tumulte, un jardin clos, aujourd'hui musée à ciel ouvert.

L'extravagante Peggy Guggenheim est née en 1898, dans une très riche famille, amie des Rockefeller, mais son père fit des affaires malheureuses et ce n'est qu'à l'âge de vingt ans qu'elle put disposer de sa fortune, reconstituée par ses oncles et léguée par son grand-père. Elle part pour Paris, où elle décide de perdre son pucelage et d'expérimenter toutes les positions amoureuses dont elle pressentait l'existence par la lecture précoce de traités de peinture pompéienne. Elle se marie avec Laurence Vail dont elle aura deux enfants. Elle se lie d'amitié avec Brancusi et Duchamp, et se remarie avec l'écrivain John Holmes qui mourra rapidement d'alcoolisme, puis avec Douglas Garman, écrivain communiste. En 1938 elle fonde la galerie « Guggenheim Jeune » à Londres. Sa première exposition : Brancusi.

Bien qu'elle prétende n'y rien connaître en peinture moderne, elle acquiert, grâce à ses amitiés (Arp, Cocteau), un *œil absolu*. Sa galerie est vite reconnue, elle y exposera Moore, Calder, Pevsner, Tanguy (dont elle sera la maîtresse), et s'entiche de Kandinsky dont elle deviendra la plus importante collectionneuse au monde, regrettant d'ailleurs de n'avoir pas su acquérir l'intégralité de son œuvre. Elle affiche de nombreuses liaisons, Roland Penrose, Beckett. Sa collection devient pléthorique : Giacometti, Dalí, Man Ray, qui nous la montre avec ses gigantesques lunettes, Max Ernst, qui devient son nouveau mari ; et puis éclate la guerre.

Après de nombreuses vicissitudes, elle parvient à regagner les États-Unis avec l'intégralité de sa collection et ouvre à New York une nouvelle galerie, Art of this Century. À la première exposition, elle montre Klee, à la deuxième, Cornell et Mondrian. En 1943 elle rompt avec Max Ernst, se fâche avec Breton, pressent que l'heure américaine a sonné pour l'art, et jette son dévolu sur Jackson Pollock dont elle achète une prodigieuse quantité de *drippings*. Et c'est le retour en Europe. Venise accueille ses œuvres dans le pavillon de la Grèce alors désaffecté, lors de la XXIVᵉ Biennale, puis dans le musée Correr. En 1949 elle achète le palais que l'on sait et y montrera sa collection à partir de 1952. Sa fille Peggeen, éphémère épouse de Jean Hélion, se suicidera en 1967. Le 23 décembre 1971, Peggy meurt, et se fait enterrer à côté de ses quatorze chiens aux noms extravagants, gravés dans le marbre en plus de l'épitaphe : *Here lie my beloved babies…* Yoko Ono plante un arbre à côté, auquel les touristes accrochent de modestes et éphémères ex-voto de papier…

Luciano, l'un des portiers de la Pensione Accademia, qui habitait le quartier quand il était petit, se souvient encore de l'extravagante Peggy, de ses lunettes, de ses petits chiens qu'elle tentait de protéger de l'ardeur des jeunes enfants qui jouaient au foot et risquaient de les blesser, et surtout de sa grande gondole blanche dans laquelle elle aimait glisser sur l'eau en compagnie de son gondolier particulier.

Tout est à voir bien sûr dans cet ensemble exceptionnel. Pour ma part, je rêve devant la *Tête de jeune fille* de Henri Laurens (1920) qui figurerait si bien sur ma cheminée, je me recueille toujours un instant devant la tombe de Peggy et celle de ses chiens (ses enfants *chéris*...), accroche un vœu griffonné sur un bout de papier au *whish-tree* de Yoko Ono, flâne un grand moment sur la terrasse ouvrant à fleur d'eau sur le Grand Canal, où trône un splendide Marino Marini, *L'Angelo della città*, figurant un homme à cheval, nu, bras écartés en un V victorieux, arborant une splendide érection. Bien que délurée, l'Américaine Peggy avait voulu que ce sexe fût dévissable en cas de visites pastorales. Aujourd'hui, signe des temps où plus rien n'étonne, même pas un cavalier ithyphalle, on l'a soudé.

Poursuivant le long de mon petit rio, je me retrouve derrière la *Ca'Dario* (XVe siècle), dont la ravissante et étroite façade se laisse admirer du Grand Canal. Revêtue de marbre ivoire, elle est ornée de rosaces polychromes et géométriques qui semblent de gros cabochons. La plupart de ses propriétaires s'y suicidèrent, y eurent une fin brutale, ou se ruinèrent. Même le leader du groupe rock The Who y mourut en 1981, ce qui finit par dissuader Woody Allen de l'acheter. Henri de Régnier (que sa femme Marie, fille de José Maria de Heredia, cocufiait copieusement et ardemment avec Pierre Louÿs) y fit des séjours heureux. Il est vrai qu'il n'en fut jamais propriétaire !

Si tu soulèves le lierre et la plante grasse en encorbellement qui recouvre le mur tu pourras lire ceci :

> *Car sinueuse et délicate*
> *Comme l'œuvre d'un fuseau,*
> *Venise ressemble à l'agate*
> *Avec ses veines de canaux.*

Je traverse ensuite le rio *delle Fornace*. Sur le *campo* se dresse un bel ensemble religieux du XVe siècle, désaffecté depuis l'occupation napoléonienne, l'église San Gregorio, faite de belles briques rouges, et son monastère à deux étages, petit et gracieux, auquel on accède dans le *sottoportego* par une porte toujours condamnée (n° 172), sauf pendant la Biennale.

Un dernier pont, de bois cette fois-ci, franchit le *Rio della Salute* et l'on se retrouve à l'extrémité orientale du Dorsoduro qui est une île et sur laquelle se trouvent l'**église de la Salute ❸**, le séminaire avec sa bibliothèque et sa pinacothèque (on ne visite pas pour l'instant) et la célébrissime Douane de Mer.

En juin 1630, la peste, ce fléau séculaire, pointe son nez une dernière fois, dans la lagune, et manque anéantir la ville de Mantoue toute proche. Cet épisode sera raconté par Alessandro Manzoni dans son roman historique *I Promessi Sposi* (Les Fiancés). Malgré le blocus qui leur est imposé, et pour d'évidentes raisons de famine, quelques émissaires arrivent à Venise, pour demander du secours. Ce sont eux qui apporteront le germe dans la ville. Il y a 150 000 habitants à Venise et l'épidémie, si elle se propage, ne pourra avoir que des conséquences effroyables. Elles le seront. À l'automne, après trois jours et trois nuits de processions incessantes autour de la Piazza, à laquelle participeront plus de dix mille Vénitiens portant flambeaux et statues votives, le doge Contarini et le Sénat, se souvenant que la grande peste de 1576 fut stoppée grâce à la promesse de l'édification de l'église du *Redentore*, forment le vœu de construire une église dédiée à Notre-Dame de la *Salute* (qui signifie à la fois santé du corps et salut de l'âme) et de s'y rendre chaque année en grande pompe. Le projet est confié au jeune Longhena. La première pierre est posée en avril 1631, l'église sera achevée et consacrée le 21 novembre 1687 qui deviendra le jour officiel de la fête de la *Salute*. Cinquante-six années de construction, de prières et de processions qui n'empêchèrent pas 80 000 habitants de mourir de la peste. Dont le doge qui avait ordonné la construction.

On lit presque partout que la préparation du socle indispensable pour supporter le poids de l'édifice nécessita plus d'un million de troncs d'arbres fichés dans l'argile. Ce chiffre paraît, quand on y réfléchit, tout proprement hallucinant. Un million de troncs d'arbres, c'est un carré de mille sur mille. Si les troncs se touchent, ou presque, c'est un immense parallélépipède de bois, de trois cents mètres de côté (alors qu'il n'y a pas l'espace correspondant entre le Grand Canal et celui de la Giudecca), qui en se minéralisant formerait comme un socle monolithique à cet immense vaisseau de briques, de pierre et de marbre. Mais n'est-ce pas un chiffre quelque peu exagéré quand on sait que les pieux sont plantés à vingt ou trente centimètres de distance ?

La construction de cette étrange et magnifique église, qui n'a pas le plan en croix traditionnel, fait appel à la symbolique. Chiffre 8 (symbole du Salut, de l'Espérance, de la Résurrection et de l'Infini : ∞), l'étoile à huit branches, *stella maris*, huit côtés de l'église, seize (8 x 2) marches pour y accéder. Des esprits malicieux, ou curieux, ont mesuré l'entièreté de la basilique, en *pied vénitien* (environ 35 centimètres). Ils ont trouvé une référence au nombre 11. Longueur 121 pieds (11 x 11), largeur 88 (11 x 8), etc. Le nombre 11 est le symbole de la lutte et de l'égarement qui en résulte. Il représente la transgression, puisqu'il dépasse le Décalogue d'une unité. Il représente celui qui sort vainqueur des épreuves en toute connaissance.

Entre. Promène-toi. Regarde. L'intérieur de cet édifice octogonal est majestueux. Un déambulatoire périphérique fait le tour d'un vaste espace circulaire recouvert d'un somptueux dallage. Il en est séparé par des colonnes de pierre grise qui se marient harmonieusement avec le blanc de l'édifice. Sur les murs des six chapelles, le Tintoret, Titien, splendides Giordano (peintre originaire de Naples à qui l'on confia le travail en raison sans doute de la médiocrité des artistes contemporains) représentant divers épisodes de la vie de la Vierge, dont une magnifique *Présentation au Temple*, très théâtrale et très colorée. Au fond, protégé par un panneau qui indique *espace réservé à la prière*, l'extraordinaire autel de marbre de Lecourt représente la ville de Venise sauvée par la Vierge et saint Marc de l'affreuse peste, qu'un angelot fait fuir de son brandon incandescent. Sur l'autel trônent en majesté une icône sacrée, la Vierge et l'Enfant, la *Mesopanditissa*, sauvée *in extremis* de la vindicte ottomane lorsqu'ils envahirent la Crète vénitienne.

N'oublie pas la sacristie. Superbes et très typiques *Noces de Cana* par le Tintoret, avec sa table en diagonale qui tord l'espace et un Titien de jeunesse figurant sur une même toile, sous la protection de saint Marc, les saints protecteurs de la peste, saint Sébastien et saint Roch, et les patrons des médecins, Côme et Damien. On ne saurait être plus explicite !

Je t'attends sur l'esplanade. Sur le dallage de *masegni*, des lignes de pierre d'Istrie dessinent d'étranges courbes géométriques. C'est là, le débouché du Canal Grande qui vient se jeter dans le bassin de San Marco, puisqu'il s'agit du méandre d'une ancienne rivière. L'activité est intense, les touristes se reposent, assis sur les marches du parvis. Tout le monde semble saisi par la beauté et la puissance du lieu.

La Salute présente son imposante silhouette trapue, étincelante de blancheur. Elle est surplombée de deux coupoles, la *maggiore* qui coiffe la nef et la *minore*, le chœur. Au lieu de banals contreforts arqués pour soutenir la coupole majeure, Longhena a imaginé d'immenses roues de pierre, au nombre de quinze, autant que les mystères du rosaire (illustrations de la vie de la Vierge, cinq épisodes glorieux, cinq heureux, cinq douloureux). On dirait des macarons géants. Les Vénitiens les appellent les *orecchioni*. Tout au-dessus, la statue de la Vierge, en bois et revêtue de feuilles de cuivre, tient le bâton de Capitaine de la Mer. C'est *Elle* qui protège la ville.

Le majestueux porche d'entrée est entouré des statues monumentales des quatre Évangélistes. Au-dessus, deux femmes drapées à l'antique semblent soutenir l'ensemble, comme des atlantes. Partout, sur de petits piédestaux, des statues de saints et d'anges.

Devant la basilique, deux belles volées d'escalier descendent dans l'eau. De part et d'autre de celle qui est la plus proche de l'embarcadère, tu peux voir, au prix d'une petite gymnastique (attention à ne pas tomber à l'eau !), deux têtes d'anges ailés, délicieux petits *putti*, joufflus et bouclés, bouche ouverte, qui semblent tirer l'église vers le large. Lorsque la mer est haute ils boivent la tasse.

Et puis, au bout du bout, dans une sorte de *finis terrae*, il y a la **Douane de Mer** ❹, et la pointe de la Douane. Nous sommes au confluent du Canal Grande et de la Giudecca. Devant nous, le bassin de San Marco, sorte de petite mer intérieure. Le regard embrasse un paysage magique, ample et dégagé, alors que, dans la ville, les perspectives sont souvent volées.

À gauche, sur la rive d'en face, les *Giardini Reali*, encore une réalisation napoléonienne, après destruction d'une église, la *Biblioteca Marciana*, la *Piazzetta*, la façade sud du palais des Doges, le pont de la paille où l'on perçoit le crépitement des flashs. C'est là qu'est le pont des Soupirs. Et puis l'eau, glauque, calme et puissante du bassin de San Marco qui mène vers la haute mer. L'activité nautique y est intense. À droite, l'île de San Giorgio Maggiore, et son imposante église palladienne, le campanile d'où l'on a, sans faire la queue, la plus belle vue de Venise qui soit. Autrefois c'était un vieux moine à la bure puante (l'odeur de sainteté, sans doute) qui vous emmenait en ascenseur.

Derrière, la Giudecca, dont la silhouette se découpe sur le ciel embrasé. Comme l'on dit à la fin d'un morceau de musique, *tacet !*

La Dogana da Mar est un imposant bâtiment du XVIIe siècle, construit sur la pointe étroite du confluent, selon un plan triangulaire très effilé, comme la proue des navires qu'elle était censée contrôler. C'est une bâtisse à un étage, tout en longueur, d'environ soixante-dix mètres, presque parfaitement symétrique selon son axe médian. Ses deux façades sont de briques, mais recouvertes d'un mortier qui leur donne des allures d'appareillage cyclopéen. Six vastes baies, surmontées d'une ouverture en demi-cintre, percent la façade à l'arrière, tandis que vers l'avant on remarque deux vastes portes d'eau flanquées de deux baies chacune. Du côté de la pointe, c'est-à-dire de la mer, une sorte de portail à six piliers, surmonté d'une tourelle et agrémenté d'une frise de bucranes. Au sommet, une statue, libre au vent, allégorie de la Fortune, tenant à la main le gouvernail d'un navire, se tient en équilibre sur une jambe, sur un globe doré soutenu par deux atlantes agenouillés. Le long des quais survivent quelques bittes d'amarrage en pierre, désormais inutiles.

La Dogana et la pointe ont été fermées à la visite pendant des lustres. Ces dernières années, pour les sacro-saintes raisons de sécurité qui nous empoisonnent le quotidien, on ne pouvait plus se rendre à la pointe et en faire le tour pour revenir par la rive opposée, celle des Zattere. Grâce soit rendue à François Pinault et à son architecte Tadao Ando qui se sont approprié le lieu, l'ont merveilleusement restauré, c'est-à-dire avec délicatesse, laissant apparaître l'appareillage de briques sous les fausses pierres, revêtant les ouvertures arquées de grilles imitées de Carlo Scarpa, retrouvant à l'intérieur de grands et lumineux espaces, tout en légèreté, sur deux niveaux. Le tout pour 30 millions de dollars. L'intérieur abrite les collections du propriétaire, tout ce qui compte aujourd'hui dans l'art contemporain, [c'est beau] *comme la rencontre fortuite sur une table de dissection d'une machine à coudre et d'un parapluie* (Lautréamont, *Les Chants de Maldoror*, VI, § 1).

Sortons ! Et allons prendre l'air à la pointe (*Punta de la Dogana*). Un candélabre de bronze, réplique exacte de celui qu'installèrent les Autrichiens pendant l'Occupation, y a pris définitivement sa place.
Mais il se fait tard. Pressons le pas, il nous reste encore un rendez-vous important, la fraîcheur tombe et l'humidité de la soirée gagne. Nous voici sur la *Fondamenta degli Incurabili*, réminiscence d'un ancien lazaret où l'on soignait les vérolés. Je m'engage sur les Zattere, magnifique promenade, face au couchant incandescent.

Bientôt, nous voici devant Santa Maria del Rosario, la dernière église construite à Venise, plus connue sous le nom des **Gesuati** ❺, confrérie apostoliques des clercs de saint Jérôme qui héritèrent de leur surnom en raison de leurs invocations permanentes et à tout propos du nom de Jésus.
Après la dissolution de l'ordre en 1669, les dominicains prirent possession des lieux. Giorgio Massari fut l'architecte du nouveau temple, dernière construction du genre à Venise, dans un style néo-palladien dont l'édification dura trente ans entre 1726 et 1755.

La façade, sévère, est très simple : un carré dans lequel s'inscrit un porche unique, surmonté d'un triangle percé d'un oculus. Quatre demi-colonnes puissantes encadrent le porche, et ménagent entre elles quatre niches qui abritent les quatre vertus cardinales : prudence, justice, force et tempérance. À l'arrière le dôme est flanqué de deux campaniles symétriques.

Entrons. Mais d'abord acquittons-nous du droit d'entrée, 10 euros le ticket collectif, valable un an, pour visiter les seize églises qui font partie de Chorus, association à but non lucratif, fondée en 1997, dont le but est la conservation et la valorisation du plus grand musée de la ville : les églises.

Alors que l'extérieur est banalement rectangulaire, l'intérieur, entouré de colonnes corinthiennes supportant un entablement aux coins arrondis, semble une ellipse. De chaque côté trois autels recèlent des chefs-d'œuvre. La lumière est douce ; le blanc des murs est tempéré par les grisailles en trompe-l'œil, les marbres patinés des statues, le gris de la pierre.

Attardons-nous d'abord sur le plafond de Giambattista Tiepolo. J'espère que tu as apporté des jumelles.

Le tableau central représente la Vierge faisant remettre le rosaire à saint Dominique par des *putti*. Cherche les détails, le doge anonyme au milieu de la foule, l'homme terrassé par la vision, le soldat et sa hallebarde, la jambe pendant négligemment dans le vide ; plus bas une foule envahie de serpents, thème cher au maître. De part et d'autre, deux autres toiles représentent, dans un foisonnement de nuages, la gloire de saint Dominique et la gloire de l'ordre. Tout autour, dans une succession de cadres ronds ou quadrilobés, les quinze mystères du rosaire traités en grisaille et en trompe-l'œil. Derrière le maître-autel, dans un tondo, Tiepolo a représenté le roi David et sa cithare, entouré de quatre grisailles figurant des Prophètes.

Les quinze mystères du Rosaire scandent la vie de la Vierge. Ils se composent de cinq mystères joyeux (Annonciation, Visitation, Nativité, Présentation au Temple, Recouvrement de Jésus au Temple), de cinq mystères douloureux (Jésus au Mont des Oliviers, Flagellation, Couronnement d'épines, Portement de la Croix, Mort sur la Croix) et de cinq mystères glorieux (Résurrection, Ascension, Pentecôte, Assomption, Couronnement de la Vierge).

Attardons-nous devant les six chapelles.

À droite en entrant un tableau très sulpicien, l'*Apparition de la Vierge à trois dominicaines* (Catherine de Sienne, qui porte la croix symbole de ses stigmates, Rose de Lima, première sainte du Nouveau Monde, et Agnès de Montepulciano). Les robes de ces saintes femmes sont admirablement traitées.

La deuxième chapelle abrite un portrait de saint Dominique par Piazzetta entouré d'un magnifique ouvrage de marbre par Morlaiter.

La troisième, un grand tableau de Piazzetta représentant trois dominicains fameux, saint Louis Bertrand, évangélisateur des Caraïbes (note le serpent, symbole de poison, qui s'échappe de sa coupe), saint Vincent Ferrer et saint Hyacinthe qui est parti évangéliser les pays de l'Est.

À gauche, la première chapelle abrite une œuvre magnifique de Sebastiano Ricci, *Trois saints dominicains* : l'ascétique pape Pie V, fondateur de la congrégation de l'Index, ennemi des anglicans, des juifs et des Turcs (la bataille de Lépante, c'est lui !), saint Pierre Martyr, le crâne fracassé par un hachoir, et saint Thomas d'Aquin. Dans un petit vestibule, un admirable crucifix en bois du XIVe siècle. Dans la troisième chapelle une *Crucifixion* de Tintoretto, presque anachronique dans cet ensemble baroque.

Les sculptures sont de Morlaiter. Fils d'un souffleur de verre, né et mort à Venise (1699-1781), Giovanni Maria Morlaiter, cofondateur de l'Académie des beaux-arts de Venise, est considéré comme l'un des meilleurs sculpteurs de son temps. On peut admirer de grandes statues de marbre blanc, en ronde-bosse, surmontées de bas-reliefs narrant la vie de Jésus. À droite, de l'arrière vers l'avant : *Abraham* (*le centurion demande à Jésus de guérir son fils*), *Aaron* (*guérison de l'aveugle*), *saint Paul* (*apparition de Jésus à Marie Madeleine*). Remarque les outils du jardinier avec qui Marie Madeleine confond Jésus !

À gauche : *Melchisédech* (*Pierre marche sur les eaux*), *Moïse* (*guérison du paralytique à la piscine probatique* – πϱόβαθον bétail), *saint Pierre* (*Jésus et la Samaritaine*)...

Dominique Guzman, le futur fondateur de l'ordre des Frères Prêcheurs, est issu d'une famille noble de la région de Burgos en Castille. Il naît vers 1170. Sa mère, Jeanne, alors qu'elle est enceinte de lui, rêve qu'elle va donner naissance à un chien qui porte une torche enflammée dans la gueule. La légende des dominicains est née, les chiens de Dieu (*Domini canes*), qui embrasent les hérésies.

Vers 1190 il est nommé chanoine à Osma, puis ordonné prêtre vers 1195. Il va accompagner son évêque au Danemark, puis à Rome. C'est en chemin qu'il sera confronté à la puissante hérésie qui secoue le monde chrétien : les cathares ou albigeois. Dominique va tenter de les convaincre par la seule force de la persuasion, la prédication, la prière, l'exemple. Prétextant la complicité du comte de Toulouse, Raymond VI, dans l'assassinat du légat du pape, une croisade guerrière menée par Simon de Montfort exterminera les albigeois en 1209.

En 1206 il fonde sa première abbaye à Prouille, près de Carcassonne dans l'Aude, qui abritera une communauté mixte dont le dessein est d'accueillir des femmes cathares converties. En 1215 Dominique fondera à Toulouse l'ordre des Frères Prêcheurs, ordre mendiant, religieux et non monacal, dont la règle, acceptée l'année suivante par le pape Honorius III, s'inspire de celle de saint Augustin. L'étude, la prière et la méditation en sont les trois piliers. Dominique va parcourir le monde pendant les six dernières années de sa vie, Italie, Espagne, France, et les couvents se multiplieront sur son chemin. Il meurt, épuisé, à Bologne en 1221. Son corps y repose à l'église Saint-Dominique, dans un magnifique mausolée de marbre blanc, réalisé par Niccolò dell'Arca, sculpté entre autres par Pisano (XIIIe), Lombardi (XVIe) et Michel-Ange.

Si ce sont bien les dominicains, en particulier l'implacable Torquemada, qui furent chargés de la terrible Inquisition à partir de 1231, Dominique, mort dix ans plus tôt, n'y participa jamais.

On reconnait saint Dominique à son scapulaire et son capuce noir recouvrant sa robe blanche, qui a inspiré la soutane des papes (Pie V l'adoptera en 1566). Beaucoup de tableaux le représentent, recevant le rosaire des mains de la Vierge. Le rosaire est une succession de trois chapelets, comportant entre autres cent cinquante Ave, que les convers et les religieuses ne sachant pas lire récitaient comme des psaumes pendant leur temps de méditation (la liturgie du pauvre).

À l'extérieur, sur le flanc droit de l'église, une voûte au ras du sol est tout ce qui reste d'un ancien canal qui passait sous l'église, aujourd'hui comblé (*rio terrà*). Sur la clé de voûte, un blason représente l'ordre des Dominicains, le lys, symbole de la chasteté, et l'étoile, de la sagesse. Le chien rappelle le songe de sa mère qui se vit accoucher d'un chien portant une torche dans la gueule, pour embraser le monde de sa parole.

Quelques mètres plus loin (n° 909), tu peux entrer dans le centre culturel Don Orione Artigianelli, qui loue aussi des chambres bon marché, et leur demander la permission, jamais refusée, de te promener dans leurs trois beaux cloîtres attenants aux Gesuate, et d'admirer la perfection de l'escalier de Giorgio Massari récemment restauré.

La première journée s'achève, il est temps de rentrer. Le crépuscule est splendide, qui embrase le ciel. Sur l'immense canal de la Giudecca passent sans relâche toutes sortes de bateaux, en particulier les ferrys qui conduisent les voitures au Lido. Nous retrouvons le *rio San Trovaso*, et la grille de l'hôtel. Bientôt va sonner à San Marco la *Marangone*, la mère de toutes les cloches, qui impose le silence. Pourvu que la sirène de l'*acqua alta* ne retentisse pas cette nuit...

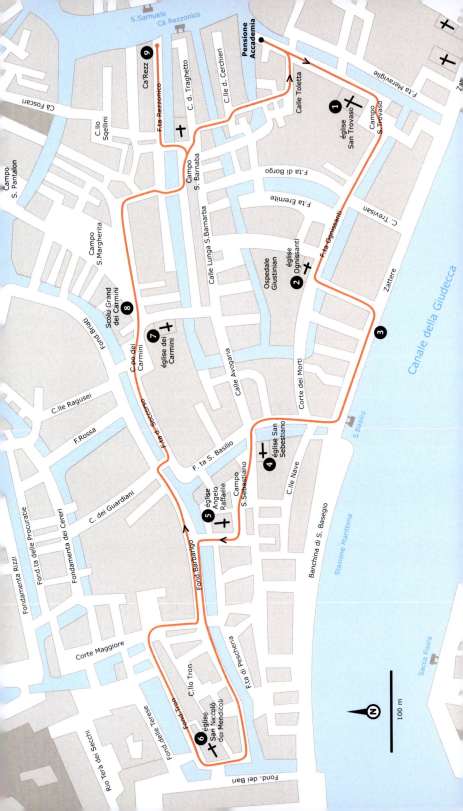

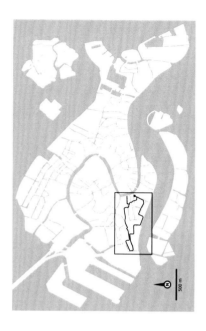

DEUXIÈME FLÂNERIE

Zattere, San Sebastiano, Carmini, Ca'Rezzonico

As-tu bien dormi ? Les chalands t'ont-ils réveillé tôt ce matin ? Eh bien, au moins auras-tu profité du magnifique spectacle matinal des bateaux-poubelles, livreurs, transporteurs, videurs de fosses d'aisances, de l'activité des *facchini* (porteurs) qui transportent leurs marchandises sur des chariots permettant le franchissement des marches, en se frayant un passage au milieu des touristes perdus, dans une agitation incessante !

Le *Rio San Trovaso* est charmant. Bien qu'étroit, c'est un passage obligé et très fréquenté entre le Grand Canal et celui de la Giudecca. À quelques mètres de l'hôtel, sans traverser le pont, tu peux entrer discrètement dans l'enceinte du palazzo Brandolin (Université Ca'Foscari). Tu découvriras un splendide jardin qui contraste avec la minéralité apparente de la ville. Combien de parcs se cachent-ils derrière les austères façades ? En face, un *bacaro* sympathique (bistrot dont le nom viendrait

57

de Bacchus ! *Se non e vero…*), *al Bottegon già Schiavi,* sert le vin au verre et de délicieux *cichetti* (petites bouchées à savourer, genre *tapas*). Les soirs d'été, c'est bondé et les amateurs dégustent, assis sans façon sur les marches du petit pont.

L'**église San Trovaso ❶** est encadrée par deux placettes sur lesquelles s'ouvrent deux belles façades néoclassiques, strictement identiques, ce qui est sans doute unique au monde, percées d'une verrière semi-circulaire et d'un porche, l'un pour les Nicolotti, l'autre pour les Castellani, clans rivaux à Venise, comme les Capulet et les Montaigu à Vérone. Dans l'angle formé par les deux façades, on a bâti une maison d'habitation ! L'espace est précieux à Venise…
Tu ne trouveras pas saint Trovaso dans l'annuaire des prénoms. C'est encore une facétie vénitienne qui a rassemblé en un seul mot saint Gervais et saint Protais, frères jumeaux, martyrisés sous Néron et dont on retrouva les corps miraculeusement intacts, des siècles plus tard.
Remarque que la place sud est largement surélevée. C'était l'ancien ossuaire, ce qui n'empêche pas d'ailleurs la présence d'un puits au beau milieu ! Gageons que les ingénieurs de l'époque avaient soigneusement étudié l'étanchéité…
À l'extérieur un mascaron grotesque est censé terrifier le diable qui serait tenté de sonner les cloches à des heures indues. La maison attenante est décorée de nombreuses patères byzantines, d'inspiration chrétienne, d'une statue d'*homo silvanus,* l'homme de la forêt, primitif antérieur à Adam, et d'un beau bas-relief figurant Vulcain devant son four. C'était la maison d'un boulanger.

Entrons. La nef unique est bien éclairée par les larges baies, pourvues de rideaux quelque peu crasseux. Plusieurs Tintoret: une admirable *Cène,* peut-être la plus belle de Venise, la plus petite, la plus accessible, très réaliste (admire la chaise paillée renversée à terre), souvent en voyage malheureusement et remplacée alors par une reproduction, une *Tentation de saint Antoine* (magnifique et appétissante diablesse dépoitraillée !), un magnifique Giambono (1444) figurant saint Chrysogone à cheval : élégance de la posture, flamboiement des ocres. Amuse-toi à chercher l'autel des gondoliers et leur logotype maladroitement gravé (1re chapelle à droite). Le chœur est pourvu d'un mobilier rococo extraordinaire, trois fauteuils et deux candélabres, de Brustolon (XVIIIe siècle). Les deux grands tableaux sont du fils de Tintoretto, Domenico.

Pendant le temps de Noël, le sacristain installe avec l'aide de son fils une superbe crèche. Il n'y a jamais personne dans cette église. C'est là que, après la messe dominicale, j'ai rencontré Giovanni, le barman de mon hôtel. Il y jouait de l'orgue, superbe instrument de Gaetano Callido (1756).

Un peu plus loin, en sortant à droite, le long du rio **Ognissanti** ❷, tu peux jeter un coup d'œil sur **l'église** du même nom, pour les superbes boiseries de la sacristie en ronce de noyer, qui forment des figures étranges dans lesquelles le vieux curé distingue nombre d'images chrétiennes (le tétramorphe, le Saint-Esprit…), pour la statue en bois de saint Romuald, pour la grosse pierre tombale noire au milieu de la nef, qui marque la place d'un ancien ossuaire (les morts étaient enterrés dans les églises, ou à l'entour, jusqu'à ce que Bonaparte ordonnât la création de San Michele, l'île des morts, où ils se trouvent tous aujourd'hui), et pour le cloître attenant, aujourd'hui cour de l'hôpital gériatrique Giustinian.

Traversons le rio et empruntons les **Zattere** ❸ vers l'ouest, cette splendide promenade, large et si calme, qui longe le canal de la Giudecca, paisible, bercée par le clapotis des vagues se brisant sur les marches et les appontements. Hume l'air, regarde le défilé incessant des bateaux, la rive de l'autre côté. Tu as même le droit de t'arrêter un instant et de prendre un *capuccino* ! Les *Zattere* (radeaux) étaient le quai d'accostage pour les innombrables troncs d'arbres charriés par les rivières, dont Venise fut une formidable consommatrice. Sur la façade de l'église de la Visitation, au numéro 919, subsiste une *bocca della verità*, ou bouche du lion, sorte de boîte aux lettres pour délateurs. Les petits palais se succèdent, abritant université, autorité maritime, restaurants, mais aussi un authentique supermarché, que je ne manque pas d'aller visiter pour me rassurer sur le fait qu'il reste bien encore quelques vrais Vénitiens, et une poste.

Au numéro 1473, à l'étage du restaurant *La Riviera*, dans une niche, la statue de saint Antoine l'Ermite, considéré comme le fondateur de l'érémitisme et patron des charcutiers. C'était là le siège de cette aimable confrérie (*Scuola dei Luganegheri*), fondée à la fin du XVᵉ siècle. Aujourd'hui, le restaurant, malgré la bénédiction du saint homme, ne sert que du poisson ! Admire au numéro 1597 ce beau heurtoir de bronze (pas encore volé ?). Juste à côté la maison où, comme le précise une plaque, Luigi Nono le grand musicien contemporain est né, a travaillé, est mort. A-t-il voyagé entretemps ? Sans doute, mais sa tombe se trouve à San Michele.

L'église San Sebastiano ❹ est si modeste que l'on peine à imaginer qu'elle recèle tant de chefs-d'œuvre. C'est un édifice discret, en briques crues, ornée d'un fronton immaculé, néopalladien. On y accède par un petit pont qui franchit le *rio* du même nom. Le quartier est calme, les maisons sont basses. Ici, pas de palais ostentatoires. Un peu plus loin sur le quai, saint Ignace de Loyola a été ordonné prêtre.

Avant d'entrer dans l'église, regarde les deux médaillons du porche ; à gauche, un homme attaché à un arbre, saint Sébastien attendant son supplice, à droite, saint Jérôme dans le désert se frappe la poitrine avec sa pierre.

San Sebastiano est le chef-d'œuvre du Véronèse. C'est là qu'il est inhumé modestement, sous l'orgue. La pierre tombale est maintenant protégée du piétinement impie des touristes par une planche.

Sur ses toiles, il fait éclater son génie de la mise en scène et surtout de la couleur, qui rend les toiles si joyeuses, malgré les sujets traités.

Dans le chœur sont accrochées trois œuvres monumentales : la *Vierge en majesté* au-dessus d'un saint Sébastien criblé de flèches et qui se contorsionne pour les éviter, à droite son deuxième martyre : saint Sébastien est roué de coups avant que son corps, dépecé, ne soit jeté aux égouts, et les *Martyres de saint Marc et saint Marcelin*, à gauche. La sagittation est le symbole de la fureur divine qui envoyait aux terriens la peste, la guerre ou la famine.

Sébastien, originaire de Narbonne, était militaire au service de Dioclétien. Deux frères jumeaux, Marc et Marcelin, militaires et chrétiens comme lui, devaient être décapités. Leurs parents, pères, mères, épouses, enfants, les suppliaient d'abjurer leur foi, mais Sébastien leur redonna du courage, et ils se rendirent au poteau du supplice, où ils furent transpercés de coups de lances. Averti du fait, Dioclétien convoqua Sébastien : *Tu as attenté à mon salut, et à celui de nos Dieux.* Attaché à un arbre, criblé de flèches par les archers, à un point tel qu'on eût dit un hérisson (*dixit* Voragine), il fut laissé pour mort. Mais les archers, ses compagnons, n'avaient pas visé les parties vitales. Recueilli, réconforté par sainte Irène (épisode qui ne figure pas chez Voragine), il reprit bien vite sa mission. Alors Dioclétien, excédé par tant d'entêtement, le fit battre à mort, jeter dans le cloaque pour éviter que les chrétiens ne le vénèrent comme martyr.

Le plafond à caissons dorés représente des épisodes bibliques, Esther et Assuérus, aujourd'hui magnifiquement restaurés. Véronèse y laisse éclater son immense talent de coloriste.

Esther, belle jeune fille juive déportée à Babylone, séduisit son roi, Assuérus, qui l'épousa sans même lui demander quelle était sa religion... Son statut de reine lui permit de sauver la vie de nombreux juifs, menacés de massacre. La fête de *pourim* commémore ce miracle.

Le buffet d'orgue, habituellement fermé, montre une *Présentation au Temple*. Regarde à gauche l'admirable trompe-l'œil, une femme qui apparaît entre deux colonnes, l'une vraie, l'autre peinte.

Dans la sacristie, un sublime *Couronnement de la Vierge*, entouré des quatre Évangélistes accompagnés de leurs symboles.
Au niveau de la galerie supérieure, Véronèse a réalisé de magnifiques fresques, malheureusement inaccessibles au public pour des raisons de sécurité...

Poursuivons. L'**église de l'Angelo Raffaele** ❺ (*Anzolo Rafael* en vénitien) recèle plusieurs trésors. Au-dessus de son portail, l'Archange tient la main du jeune Tobie, reconnaissable à son poisson (un enfant qui va bientôt se marier !), accompagné de son petit chien. Le buffet d'orgue, peint par Gianantonio Guardi comme une bande dessinée, raconte l'histoire de Tobit et Tobie.

Le vieux Tobit, fossoyeur de son état, mais devenu aveugle après avoir reçu de la fiente dans l'œil, confie son fils Tobie à un jeune homme (l'archange Raphaël en fait), qu'il n'a, bien sûr, pas reconnu. Tobie manque se faire dévorer par un gros poisson dont le délivre Raphaël, qui lui conseille astucieusement d'en garder les viscères. Tobie se marie ensuite avec Sara, une malheureuse jeune fille possédée par le démon Asmodée qui lui a tué ses sept précédents maris. Mais l'Archange veille, qui conseille de brûler sur un autel le cœur et le foie du poisson. Le sortilège est levé. Tobie rentre chez lui et guérit le vieux Tobit de sa cécité en appliquant sur ses yeux le fiel du poisson. Finalement, l'Archange refuse toute récompense, et se fait reconnaître, ange du Très-Haut : *Je suis Raphaël* (en hébreu *Dieu guérit*), *l'un des sept anges à son service.*

La chaire en bois peint date du XVIIe siècle. Ses panneaux représentent la Visitation, le Christ et la femme adultère, la Dispute. Dans la nef, une autre statue de Raphaël accompagné de Tobit semble de marbre. Elle est en bois, parce que la paroisse est pauvre. Le jour de la fête votive, le 29 septembre, on remplace le poisson ligneux par un poisson en argent.

Sur la place, comme abandonnée, déserte, dallée de grosses *masegni*, entre lesquelles poussent quelques touffes d'herbes folles, toute de guingois et bordée de palais décrépis et décrépits, aux façades desquelles du linge achève de sécher, un excellent restaurant nous attend, *Pane Vino e San Daniele*, tenu par un sympathique Sarde. C'est le moment de faire une pause.

Tout à l'extrémité ouest de Venise, dans un quartier désert, bordée par trois canaux, l'**église San Nicolò dei Mendicoli** ❻ a donné son nom aux habitants du quartier, pêcheurs pauvres (*pescatori*), mais certainement aussi pauvres pécheurs (*peccatori*), les *Nicolotti*.
C'est une des églises les plus anciennes de Venise (VIIe siècle). Elle a gardé de l'époque médiévale un aspect trapu, son clocherdonjon la protège.
Passé le beau portail en pierre d'Istrie du XVIIIe, on pénètre dans la nef centrale, ruisselante de dorures. Les colonnes supportent une corniche en bois ornée des statues des douze apôtres. Les tableaux, œuvres de l'atelier du Véronèse, représentent des épisodes de la vie du Christ. L'iconostase en arc de triomphe, sorte de tref (poutre de gloire), est surmontée d'un Christ en croix,

de la Vierge, de saint Jean et de deux anges. Au plafond, dans un vaste *tondo*, saint Nicolas est accueilli au paradis, où l'attendent le Dieu trinitaire, et divers saints. Dans le chœur, au-dessus du maître-autel, une énorme statue en bois doré d'un saint Nicolas débonnaire, bénissant de la main droite, sa crosse d'évêque dans la main gauche, et sur ses genoux les trois boules d'or qui représentent la dot qui lui a permis de sauver trois jeunes filles de la prostitution.

Achève le tour de l'église, retourne sur tes pas par la *Fondamenta Briati*. Au numéro 2371 se trouve le siège de la société *Bocciofila*, sorte de jeu de boules à la vénitienne. Juste à côté, au 2364, derrière une porte presque toujours fermée, les potagers populaires, anciens jardins du palais Minotti, réservés aux *anziani* (les anciens) méritants du quartier. Et puis, en face, n'hésite pas à sonner au 2596. C'est la somptueuse Ca'Zenobio, aujourd'hui occupée par un collège arménien. Le *piano nobile* tout en trompe-l'œil, miroirs et stucs, abrite une admirable salle de musique et plusieurs salons en enfilade qui donnent une idée des splendeurs du XVIIIᵉ siècle. Ce palais se laisse facilement visiter pendant la Biennale. À l'arrière se dissimule un vaste parc.

La *Fondamenta del Soccorso* conduit au complexe des **Carmini.**

L'**église ❼** est une harmonieuse construction Renaissance de briques, qui ouvre sur un *campiello* bordé par un canal. La façade est gracieuse, toute de briques roses, coiffée d'un fronton semi-circulaire, encadré par deux quarts de cercle. Elle est animée par une corniche et deux fausses colonnes en relief. On peut aussi y entrer par un porche latéral orné de patères véneto-byzantines. Elle date du XIVᵉ siècle.
L'intérieur saisit par sa richesse. La nef majestueuse est séparée des deux allées latérales par de belles colonnes de marbre rouge,

revêtues de splendides boiseries dorées portant des statues. Au-dessus des arcatures, dans des encadrements de bois, autrefois peints de couleur marron, récemment restaurés, et qui imitent le marbre blanc, une série de grandes toiles de Schiavone, comme une gigantesque iconostase. Dans la contre-allée de droite se trouve un tableau remarquable, le Cima da Conegliano (*Adoration des bergers*), la Vierge, saint Joseph, les bergers, sainte Catherine et sainte Hélène, Raphaël et Tobie qui porte son précieux poisson. Sur le panier en osier, une paperolle, traitée en trompe-l'œil, porte la signature du maître. Comme toujours chez Cima, le paysage est magnifique et réaliste, les villes en particulier.

Au niveau de la quatrième chapelle à droite, une *Présentation de Jésus au temple* du Tintoret. La fresque de la coupole de la troisième chapelle est de Ricci.
Dans l'allée gauche, un Lorenzo Lotto moyen (note la présence des yeux de sainte Lucie, à ses pieds, flottant au-dessus d'une coupelle). À droite du Lotto, cloué à même le mur, comme quantité négligeable, un petit tableau, un bijou pourtant, une sainte Famille de Véronèse qui se trouvait autrefois dans la sacristie, au-dessus d'une corniche, parfois par terre, suivant l'humeur du curé ou de la femme de ménage !
Si le curé (Don Silvano) ou le sacristain t'en autorisent l'accès, va dans la sacristie qui recèle des trésors : un lavabo byzantin en porphyre, un époustouflant plafond à caissons. Sur le mur qui la sépare de la chapelle du fond, et sur l'arc que l'ouverture ménage, figure une Annonciation à la fresque, un peu étrange. Au lieu des habituels rayons, Dieu le Père envoie une sorte d'Enfant Jésus tout fait, comme un projectile, vers la Vierge qui attend. On pressent que, ainsi, la grossesse sera brève !

En sortant, on tombe sur la **Scuola Grande dei Carmini** ❽, petit bijou baroque, conçu par Longhena (autour de 1650).

La salle d'accueil est entièrement décorée de grisailles de Niccolò Bambini. Après avoir gravi les marches de deux escaliers revêtus de stuc exubérant, on dirait de la crème fouettée, tu arrives dans la salle du chapitre dont le plafond a été réalisé par le grand Tiepolo. De grands miroirs évitent de te rompre le cou, mais le tableau s'y reflète à l'envers...

Sur le médaillon central, la Vierge remet le scapulaire, pièce de tissu couvrant le ventre, le dos et les épaules des moines, à Simon Stock, prieur général de l'ordre des Carmes, ordre contemplatif créé en Syrie au XIIe siècle.

Ce saint homme du XIIIe, siècle d'origine anglaise, vécut toute sa vie en ermite. Il passa sa jeunesse dans un tronc d'arbre, vêtu de ronces et d'orties, puis le reste de son existence à faire reconnaître son ordre, le Carmel, dont il fut l'un des premiers généraux, et mourut à Bordeaux. On distingue les Carmes *chaussés*, fidèles aux règles d'origine, et les Carmes *déchaux* après la réforme instaurée par saint Jean de la Croix (XVIe siècle). Les carmélites sont la version féminine de l'ordre (sainte Thérèse d'Avila, sainte Thérèse de l'Enfant-Jésus).

Tout autour des allégories, foi, tempérance, charité, partout de ravissantes jeunes femmes dévoilant leurs tétins et un début de cuisse, violent contraste avec ce que l'on sait de la vie du saint homme...

À côté, la salle des archives couverte de boiseries splendides (Giacomo Piazzetta) et de tableaux d'inspiration biblique et la salle de l'*albergo* (*Assomption de la Vierge*, par Padovanino).

Le Campo Santa Margherita est un vaste espace triangulaire, animé par les étudiants nombreux qui consomment tard le soir dans les bars à l'entour. Le bâtiment tronqué, au centre, est ce qui reste d'une ancienne *Scuola*, celle des *Varoteri* (fourreurs). Les restaurants sont à peu près tous médiocres, mais l'ambiance est sympathique. Une exception toutefois, l'osteria do Torri, que dirigent Loretta et Paolo. Au centre, un marché populaire se tient tous les matins, et il faut voir l'effronterie des mouettes qui participeraient volontiers au festin de poisson.

Si tu n'es pas fatigué, je te propose une visite à la **Ca'Rezzonico ❾**, le musée du XVIIIᵉ siècle. C'est à trois cents mètres.

Situé sur le Grand Canal et bordé par le rio Santa Barnaba, cet imposant palais abrite de fabuleuses collections. Le palais est une merveille baroque, conçue par Longhena (XVIIᵉ) et achevé par Massari qui le surmontera d'un troisième étage (XVIIIᵉ). Avant de te procurer le billet d'entrée, promène-toi dans l'imposant rez-de-canal qui s'ouvre par une vaste porte d'eau sur le Grand Canal. Il abrite une magnifique gondole. Tu es au bord du Grand Canal, en face du Palazzo Grassi. Ferme les yeux un instant et imagine les fastes des fêtes vénitiennes à l'époque... Monte l'escalier monumental qui conduit à la salle de bal. Au niveau du demi-étage, un petit putti est habillé de fourrures qui ne laissent rien ignorer de ses minuscules attributs. C'est une œuvre de Just Lecourt qui symbolise l'hiver.
On entre d'abord dans la salle de bal où sont disposées d'extraordinaires sculptures en bois de Brustolon (voir *infra*).
La deuxième salle abrite une absolue merveille d'un peintre génois, Langetti, un chef-d'œuvre de force, de pathétique et de gravité, une Marie Madeleine convulsée de douleurs, au pied d'un Christ en croix. Ici, pas de détails ni de décor, pas de narration ni d'enjolivures. Seuls la souffrance de la femme, la cruauté du supplice, le cadavre épuisé du Christ, bras tendus vers le haut, comme pendu, à la manière du Marsyas de marbre du musée du Capitole et qui inspira les peintres pour leur représentation des crucifiements. Les clous sont à la bonne place, dans les poignets et non pas dans la paume. Les pieds sont cloués à même la croix. La tête retombe lourdement.

Prends-toi à rêver un instant sur la vie des anciens propriétaires… Tout est majestueux, somptueux, les plafonds de Tiepolo (admire la sensualité qu'il a mise dans le *Triomphe de Zéphyr et Flore*), les amusants Longhi, comme autant de cartes postales sur la vie vénitienne, la salle des pastels de la délicieuse mais très laide Rosalba Carriera.

Rosalba Carriera (née à Chioggia en 1675 et morte à Venise en 1757) fut une portraitiste de grand talent qui séjourna deux ans à Paris (1720-1721). Elle y subit un enfer qu'elle raconte sobrement dans ses mémoires, accablée, harcelée par les dames de la cour qui toutes voulaient leur portrait, par les peintres de l'époque qui admiraient son talent et sa technique, par les gens de cour, jusqu'au Régent qui lui rendit personnellement visite. Elle finit par s'en retourner à Venise, où elle continua de peindre avec un vif succès, ses pastels, essentiellement féminins, et ses miniatures sur ivoire.

Admire les chinoiseries, les fabuleux meubles rococo de Brustolon.

Andrea Brustolon (1662-1732), surnommé le Michel-Ange du bois par Honoré de Balzac (*Le Cousin Pons*), est né à Belluno. Entre 1678 et 1680, il résidera à Rome où le travail du Bernin l'impressionne. À Venise où il s'installe il connaît un immense succès : commande de mobilier pour la famille Venier, fauteuils, tables, portes-vases exubérants (Vulcain et le feu, putti, Éthiopiens aux yeux de verre), la série des monstrueuses allégories Piloni (Saturne, Mercure), mobilier d'église, crucifix, autel des âmes de l'église de Pieve… Partout, l'exubérance, la chair tordue, les plissés savants, les vanités, l'apothéose du baroque.

Arrête-toi sur les armoires qui renferment des *modelli* de terre cuite de Morlaiter et de Lecourt. De pures merveilles…

Dans le *portego*, une austère série de bustes avec une amusante vieille femme dont le sein flasque est mordu par un serpent (*L'Envie*, par Just Lecourt). Va voir les Giandomenico Tiepolo à l'étage, en particulier l'énigmatique *Nouveau Monde*. Et s'il te reste un peu d'énergie la collection Egidio Martini, au dernier étage d'où la vue, sur les toits vénitiens, est magnifique.

Le propriétaire et reconstructeur du palais, Giambatista Rezzonico, a eu un fils, Carlo, plus connu sous le nom de Clément XIII, pape de 1758 à 1769. Éduqué par les Jésuites de Bologne, ce conservateur, qui mit l'Encyclopédie de Diderot et d'Alembert à l'index et fit recouvrir de feuilles de vigne – fabriquées en série – les impudiques statues du Vatican, eut maille à partir avec les couronnes d'Europe sur la question des Jésuites qu'il défendait énergiquement. Il mourut opportunément la veille de l'ouverture du consistoire qu'il avait convoqué pour examiner la question.

Avant de rentrer, arrête-toi devant un bateau traditionnel, accosté à la *Fondamenta Gherardini*, dont la voile fait figure de parasol l'été, et qui vend des légumes.
Aujourd'hui, un petit vieux épluche les artichauts, les fameux *castraùre* vénitiens, qui trempent gentiment dans des bassines d'eau citronnée pour empêcher l'oxydation. Les cagettes révèlent leur origine : « Prince de Bretagne ». Tout fout le camp !

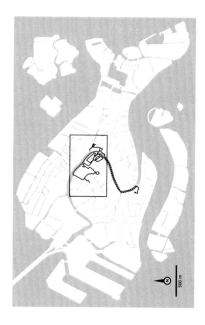

Rialto, ou le pouvoir économique

C'est dans le quartier du Rialto que tout a commencé. À l'origine, un petit archipel, les Îles Réaltines, lovées dans les méandres d'une ancienne rivière (vraisemblablement un bras de la Brenta), attirèrent les premiers habitants qui avaient quitté Malamocco et Torcello pour des raisons de sécurité, car trop proches de la terre ferme. La hauteur des îles les mettait aussi à l'abri des fureurs de la lagune (Rialto trouve son origine dans *Rivo Alto*). Plus tard, avec l'extension de la ville, le déplacement du pouvoir politique à Saint-Marc, le quartier historique du Rialto est devenu le poumon économique, marchand et bancaire de la ville.

Prends le vaporetto à l'Accademia, direction Piazzale Roma, et descends à l'arrêt Rialto. Rendez-vous au **Campo San Bartolomeo ❶**, sous la statue de Goldoni, le fin observateur de la vie vénitienne. Il a l'air si débonnaire avec son pas esquissé, sa canne qu'il empaume fermement, ses habits très *grand siècle* et son sourire narquois sous le tricorne !

Emprunte la *Salizada del Fontego dei Tedeschi*, direction gare (*ferrovia*) qui est la grande voie de desserte de Venise depuis le *reste du monde* (rail, garages, navette aéroportuaire).

Arrête-toi un instant devant le Fondaco dei Tedeschi (entrepôt des Allemands), autrefois la poste centrale, aujourd'hui désaffecté et qui vient d'être acheté par Benetton. Ce magnifique exemple d'un *fontego* du XIIIe siècle (maison entrepôt), dont la façade était ornée de fresques peintes par Titien et Giorgione, fait aujourd'hui l'objet d'un vaste projet de rénovation pour un montant faramineux, galeries marchandes, escalators aériens traversant l'atrium, toit en terrasse qui supprimera le toit traditionnel de charpente et de tuiles. Le projet est signé Rem Koolhas pour un total de 130 millions de dollars !

Un peu plus loin tu arrives à l'église San Chrisostomo. Juste avant tourne deux fois à droite (***Calle Morosini***) ❷. Après être passé sous une arche du XIIIe aux armes de la famille Morosini, tu débouches dans une magnifique cour, ignorée des touristes, pavée de briques à l'ancienne, en arêtes de poisson, une margelle de puits aux armes de la famille (patte de lion). Un bel escalier mène à l'étage noble. Imprègne-toi de l'ambiance, du calme ; tu es ici dans la Venise des premiers jours...

Reviens ensuite sur tes pas et tourne à droite juste avant l'église San Chrisostomo. Une première cour, secrète, et tu arrives dans la **Cour du Million** ❸, celle-là même, selon la légende, où vécut la famille de Marco Polo.

En 1269, deux frères Polo, Matteo et Niccolò, reviennent à Venise après neuf ans d'absence. Ils racontent leur fabuleux périple à travers l'Asie jusqu'à la cour de Kubilaï, l'empereur mongol, petit-fils de Gengis.

Celui-ci, esprit tolérant et curieux, leur demande de revenir avec des hommes d'Église, mais pour diverses raisons, dont la mort du pape et le retard apporté à sa succession, les deux frères décident de repartir, accompagnés du jeune Marco (1254-1324), fils de Niccolò. Ils empruntent la branche septentrionale de la route de la soie, et parviennent à la cour de Kubilaï après trois ans de voyage (1271-1274). Après avoir appris l'*ouïghour*, Marco est chargé par l'empereur de diverses missions en sa qualité d'enquêteur-messager. Vingt ans plus tard (1295), Marco Polo, délesté d'une partie de sa fortune par les aléas du chemin, rentre à Venise. Avec ce qui lui reste de pierres précieuses, il fait armer une galée et participe à la guerre contre Gênes. Fait prisonnier, il dictera dans sa cellule son célèbre ouvrage, *Le Devisement du monde* (ou *Le Livre des Merveilles du monde*), qui, à une époque où n'existait pas encore l'imprimerie, devint un immense succès littéraire. Il en gagnera le sobriquet de *Messer Million*, à cause des récits extravagants qu'il relate. Libéré, il rentre dans le rang, prend épouse, lui fait trois filles et se comporte en commerçant avisé et prudent, loin de l'imagerie aventureuse de sa jeunesse.

L'histoire de Marco Polo tient beaucoup du fantastique. Aucun document pouvant attester la réalité des faits n'est parvenu jusqu'à nous. On a même mis en doute sa présence en Chine en raisons des innombrables invraisemblances, omissions, erreurs dont est truffé son récit (animaux fantastiques, marine chinoise fantaisiste aux yeux de l'archéologie moderne, le thé ni les pieds bandés ne sont mentionnés...). Il n'empêche que son aventure, par sa connotation fantastique et merveilleuse, est restée vive dans la mémoire de l'Extrême-Orient et de l'Occident. Il a donné son nom à l'aéroport.

La maison et sa cour n'ont pas connu l'illustre famille Polo, car elles furent détruites par un incendie et reconstruites postérieurement. Elles comportent néanmoins plusieurs éléments architecturaux remarquables, le portique vénéto-byzantin du XIIe siècle, les fenêtres à arcatures gothiques du XIVe, et de belles patères. Au-dessus, des barbacanes (ou corbeaux) soutiennent la toiture.

Reprends la rue passante et, juste après l'église, engage-toi dans la première ruelle à gauche (*Calle della Stua* qui indique la présence d'anciens bains turcs). Après un court trajet en chicane, tu vas déboucher sur le délicieux **Campiello del Remer** ❹, un autre bijou préservé, où travaillait autrefois un fabricant de rames. C'est aujourd'hui un bar. Entre, et le temps d'un expresso, tu pourras découvrir l'endroit qui est resté dans son jus, avec les grandes rames au plafond. La placette donne sur le Grand Canal, d'où l'on a une vue inhabituelle sur le pont du Rialto où s'agglutine la foule. En face, le marché où nous irons un peu plus tard. Au centre du *campo*, une belle margelle en marbre rouge, un escalier gardé par un petit lion qui ne fait plus peur à personne, une belle façade gothique.

L'**église San Giovanni Grisostomo** ❺ (Saint-Jean-Bouche-d'Or), construite par Codussi, mérite mieux qu'une petite halte ; c'est un havre de paix dans ce quartier agité, dont les boutiques à touche-touche attirent les chalands du monde entier. C'est un séduisant petit temple à forme de croix grecque, revêtu d'un superbe crépi ocre évoquant les couleurs pompéiennes. À l'intérieur, à l'abri d'une forêt de cierges votifs allumés, quelques petites vieilles du quartier égrènent leur chapelet.

Elle renferme de nombreux trésors. Un retable de Bellini (saint Christophe, saint Jérôme, saint Louis), une pierre d'autel anonyme figurant en haut-relief une émouvante Fuite en Égypte, un retable dans le maître-autel de Sebastiano del Piombo (saint Jean Chrysostome en compagnie des saintes Catherine, Madeleine et Lucie, ainsi que de saint Jean Baptiste), dans la chapelle gauche, un magnifique retable en ronde-bosse de Tullio Lombardo (*Couronnement de la Vierge*), et un buffet d'orgue peint par Baisati, contemporain de Bellini.

Retourne sur tes pas, il est temps maintenant de passer sur l'autre rive et d'enjamber le Grand Canal, en empruntant le célébrissime **Pont du Rialto** ❻.

Mais, avant de t'y engager, cherche au pied du pont, tout près de l'ancienne grand-poste, la *Fondamenta del traghetto del Buso*. *Buso* en italien se dit *bucco*, le trou. Ceci à la mémoire d'un *traghetto* qui menait à une célèbre maison close... Délicat, non ? Le Rialto était le quartier des marchands, des marins et des demoiselles de petite vertu.

Ce pont, ce fut la grande affaire de Venise au XVIe siècle. Indispensable pour la libre circulation des biens et des personnes, raccourci entre le quartier des affaires et celui du pouvoir, il fut d'abord, pendant plusieurs siècles, une simple passerelle, puis un pont sur pilotis, avant de devenir le pont-levis en bois comme le montre le fameux tableau de Carpaccio à l'Accademia (*Miracle de la Croix*). Mais il s'avéra bientôt trop petit et malcommode. Le tonnage des navires ayant beaucoup augmenté, on réorganisa le transport des marchandises et on décida la construction du pont que nous connaissons aujourd'hui.

Plusieurs architectes fameux concoururent au projet : Scamozzi, Palladio, Michel-Ange, Sansovino, mais c'est Antonio da Ponte, le bien-nommé, qui le remporta. La construction prit trois ans (1588-1591). Pour compenser la formidable poussée de l'arche unique, on planta sur la rive est douze mille poteaux de bois sur lesquels on édifia deux immeubles symétriques, faisant contrepoids. Sur la façade du pont, côté sud, remarque une Annonciation, l'ange à gauche, la Vierge à droite, et le Saint-Esprit au sommet, malheureusement presque toujours caché par des banderoles publicitaires. De l'autre côté, les patrons de la Sérénissime, saint Todaro et saint Marc.

Sur l'arche du pont, deux rangées de douze boutiques ménagent trois rampes d'accès, une médiane, large, et deux latérales. Regarde, admire, imprègne-toi. Redescends par le côté droit et cherche, sur la façade du **Palazzo dei Camerlenghi** ❼, deux bas-reliefs amusants qui représentent des paris intrépides et perdus d'habitants du quartier de l'époque, impatients de voir le pont se construire.

Une femme avait promis de poser son postérieur sur un braséro si le pont était un jour terminé, et un homme se serait écrié :
— Qu'un ongle me pousse entre les cuisses, à la place des parties !
Leurs vœux furent exaucés...

Sur la façade du bâtiment de gauche, le Ministère des finances de l'époque, note la jolie statue de la Justice, avec son glaive et la balance. On la dit du XVIe siècle mais ce pourrait être une statue romaine bricolée, une *chimère* dont les Vénitiens raffolent. Maintenant quitte la *Ruga dei Oresi* (rue des orfèvres) où les bijoux ont fait place à une consternante bimbeloterie, pour passer juste derrière et admirer les fresques du **parangon** (pierre ou bijou de belle qualité), Elles datent du XVIe siècle et ont été redécouvertes récemment. Certaines représentent des symboles maçonniques.

Le **Campo San Giacometo** ❽ est une petite place charmante très animée, bordée d'arcades sur trois côtés et de l'église sur le quatrième. Sous le portique ouest, la célèbre statue du bossu (*il gobbo*), lieu d'arrivée du parcours d'infamie des condamnés pour vols, qui partaient de la piazza San Marco, et qui traversaient toute la ville sous les horions, les projectiles divers et les coups de fouet des bourreaux (*frusta*). Une fois arrivés, les malheureux baisaient la statue, ce qui devait, à la longue, provoquer son usure. On remplaça donc le lieu d'arrivée par le premier pilier à gauche, sur lequel est figuré un lion debout, aujourd'hui très usé, le *pilastro dei Frustai* (ou pilier des fouettés). On utilisait aussi le bossu pour haranguer la foule ou y déposer des libelles dénonciateurs. Sous ce même portique se trouvait le *banco giro*, centre de virement bancaire, encore une invention vénitienne, qui évitait les transports de fonds, toujours risqués. Note que le mot banque vient de l'italien *banca*, ou table de changeur. Une plaque sur le mur, comme un avertissement solennel à ne pas récidiver, relate une escroquerie célèbre.

La petite **église San Giacomo** ❾ est considérée comme l'une des plus anciennes églises de Venise. Sa silhouette gracile peine à s'extraire de la masse des bâtiments civils qui l'entourent (échoppes, magasins, entrepôts). Elle est précédée d'un charmant exonarthex, soutenu par de graciles piliers, sur l'un desquels est gravée la forme en creux d'un poisson et d'un coquillage, indiquant la taille minimale pour leur commercialisation. L'horloge porte un cadran à vingt-quatre heures. Elle est surmontée de la statue de saint Jacques portant le bourdon du pèlerin. L'intérieur montre les étroites relations avec le monde marchand. Les six autels sont dédiés à des confréries (bijoutiers, marchands de poisson, vendeurs d'huile...). L'église est aujourd'hui *déconsacrée*.

Derrière, bordant le Grand Canal, le gracieux **Palazzo dei Camerlenghi** (chambellans), trois étages délicatement ajourés de fenêtres gothiques, siège de la magistrature financière, mais aussi prison de femmes au rez-de-chaussée. À l'arrière de ce bâtiment multifonction, une orangerie (*naranzaria*) où étaient entreposés les agrumes, vendus par les seuls Vénitiens. Fais le tour sur le quai qui borde le Grand Canal, et va voir saint Marc et san Todaro de plus près.

L'**Erbaria** ❿, lieu de ventes des légumes, est un endroit charmant, bordé d'arcades. Sur les piliers, note les nombreux graffiti, monogrammes et croix, désignant sans doute des places réservées. Le septième, en partant de la gauche, porte une table de tarifs légaux. Plus loin, au-delà du portique, la *Cordaria* et le *Campo Cesare Battisti*, où se tient de nos jours le **marché aux fruits et légumes** ⓫. Admire les fonds d'artichauts prêts à la consommation, et les superbes *radicchi di Treviso*. À gauche, la petite *Calle de la Scimia* (ruelle du singe), du nom d'une ancienne taverne.

Plus loin encore et c'est le marché aux poissons (***pescheria***) ⓬, très actif tous les matins, qui dévoile toute la richesse de la lagune, en particulier les poulpes entremêlés en d'immondes paquets, les crabes mous en période de mue, les anchois et les sardines, les bars, les mulets, les anguilles... La pêcherie est un bâtiment néogothique, érigé au XIXᵉ siècle, dont les piliers sont ornés de symboles maritimes, poissons, crabes, poulpes, hippocampes, barques, mais aussi de symboles plus ésotériques comme le soleil, la lune et les étoiles. Un bel escalier orné de pommes de pin, mais condamné, mène à l'étage supérieur. En bas, une grille porte l'inscription latine : *piscis primum a capite foetet* (le poisson pourrit par la tête). Allusion au pouvoir politique ?

Les *moleche*, ou crabes mous (*carcinus aestuarii*), sont une des délicieuses spécialités vénitiennes. Pêchés pendant la courte saison où ils perdent leur carapace, en automne et au printemps, ils sont mis en attente, juste avant d'être mangés, dans une solution d'œufs battus, qu'ils ingurgitent, sorte de farce naturelle. Légèrement panés et frits brièvement, ils se dégustent entiers, d'un coup de dent, qui fait jaillir un jus délicieux.

Retour sur le *campo delle Becarie* (bouchers). Avant d'aller plus loin, et si tu as le temps, cherche le numéro 456 (porte évasée en bas pour laisser passer les tonneaux), le numéro 551 et son haut-relief au tonneau qui indique la confrérie des Tonneliers, et près du célèbre restaurant do Mori, le symbole de la confrérie des Marchands (n° 396).
Entre l'espace formé par la *Ruga San Giovanni*, envahie de touristes, et la *fondamenta del Vin*, le long du Grand Canal, je te conseille d'emprunter successivement trois ruelles charmantes, désertes et parallèles : la *Calle del Sturion*, la *Calle della Madonna* et la *Calle Toscana*.

La **Calle del Sturion** ⓭ (rue de l'esturgeon) conduit au restaurant Sturion et sa fameuse enseigne, déjà visible sur le tableau de Carpaccio à l'Accademia (*Miracle de la Croix*). Sur la *riva del Vin*, profite de la belle vue du Grand Canal, mais évite tous les restaurants, pièges à touristes. Prends ensuite la première à gauche, **Calle de la Madonna** ⓮, et ses nombreux encorbellements. Au numéro 574, une *barbacane* étalon indique le déport maximum autorisé. En revenant sur tes pas, engage-toi dans la **Calle Toscana** ⓯, puis immédiatement à gauche dans la *Calle dei Preti* qui débouche dans le **Campo Rialto Novo**. Juste à l'arrière de l'église San Giovanni il Elemosinario, remarque la grosse porte basse, véritable coffre-fort, qui devait protéger des trésors. À droite, sur le mur, à hauteur des yeux, cherche les nombreuses enseignes commerciales gravées dans le mur, un mûrier pour un marchand de soie, un tonneau, un saint Pierre et ses clés, une pomme de pin symbole de prospérité, etc.

Reprends la *Ruga Vecia* jusqu'à l'**église San Giovanni Elemosinario** ⓰ (Saint-Jean-l'Aumône). L'entrée est mal visible, cachée par les bâtiments civils qui l'entourent. Titien a représenté le saint dans le chœur, donnant une piécette à une sorte de clochard hirsute.

Fils du gouverneur de Chypre, à la tête d'une immense fortune, Jean l'Aumônier fut nommé, à son corps défendant, patriarche d'Alexandrie en 608. Il employa ses revenus et ceux de son siège à entretenir les déshérités qu'il appelait ses seigneurs et maîtres. Quant à lui, il se contentait du strict minimum. Chassé d'Alexandrie par les Perses, il rentra à Chypre où il mourut. Les Vénitiens récupérèrent son corps, qui est inhumé, curieusement, dans l'église San Giovanni in Bragora.

Plusieurs autels sont dédiés à des confréries, les marchands de poulets (*gallineri*), marchands d'avoine (*biavaroli*), les transporteurs (*corrieri*) qui ont offert une toile du Pordenone (sainte Catherine, saint Sébastien qui épouse voluptueusement la forme arquée du cadre et saint Roch). À gauche en entrant un superbe bas-relief du VIᵉ siècle représente une Nativité. Elle provient de la crypte de l'église qui ne se visite jamais pour des raisons de sécurité. Mais sa véritable origine est certainement plus lointaine, puisqu'il n'y avait rien ici à l'époque où elle fut sculptée.

Mais il est temps de déjeuner dans l'un des meilleurs *bacaro* de Venise : **Cantina Do Spade** ❶ (*Calle Do Spade* 859), pour les petits en-cas et le délicieux vin servi au verre (tâte du *Schiopettino*). Pour ma part, ce seront des artichauts, et quelques poulpes grillés ou cuits à la vapeur. L'addition est douce. Dans cette salle basse, couverte de lambris, venait dîner le fringant Casanova !

Cet après-midi, je te propose une aimable balade, dans un quartier heureusement ignoré des foules, le **Casteletto**, où œuvraient jadis les belles *carampane*, c'est-à-dire les prostituées. C'est le quartier des *luce rossi* (lumières rouges).

Prends à gauche en sortant du restaurant, traverse le petit rio jusqu'à la *Calle dei Botteri*, prends à droite jusqu'au Grand Canal, puis à gauche. Au bout, la vue sur la Ca' d'Oro est magnifique (**Fondamenta del Ogio**) ❶. Prends à gauche la *Calle del Campaniel*. La première ruelle à droite te conduit dans une superbe cour, avec un beau puits. C'était autrefois un théâtre. À l'entrée, une curieuse patère montre un lion sur le dos d'un dromadaire qui lui jette un regard outré ❶. À côté, une maison ancienne a conservé son originel balcon de bois. Des Autrichiens, sans doute !

Reprends la rue *del Campaniel* et engage-toi dans la première ruelle à gauche, puis à droite – tu te trouves dans la *Calle dei Botteri* – et passe sous le porche *delle* **Carampane** ❷**,** accessible par la dernière ruelle à droite.

Au XVe siècle la noble famille Rampani construisit une belle demeure proche de ce quartier, la Ca'Rampani (maison Rampani), et tout naturellement les prostituées qui exerçaient leur art tout près se virent surnommées les *carampane,* nom qu'elles ont gardé dans toute l'Italie...

Après avoir croisé la ruelle du même nom, prends à gauche la *Calle Salviati* puis à droite, sans traverser le petit canal, emprunte le spectaculaire passage couvert qui le longe (***Fondamenta del Banco Salviati***) ㉑. Beaux effets de lumière quand l'eau projette les reflets du soleil dans ce sottoportego, l'un des plus longs passages couverts de Venise. Au bout, prends à droite la minuscule ruelle *stretta* (étroite), la bien-nommée, vers le *Campiello degli Albrizzi* où l'on voit parfois jouer les enfants d'une école toute proche.

Le ***Palazzo Albrizzi*** porte dans la pierre (j'allais dire dans sa chair) un fragment d'obus autrichien avec cette citation de Gabriele D'Annunzio : *Ce morceau de barbarie enfoncé dans la pierre noble, pour dénoncer l'ennemi perpétuel, qui a ajouté la honte à sa honte et la gloire à notre gloire. 10.8.1916.* Donnant sur le *Rio terà,* deux cariatides féminines auraient été inspirées par la plastique d'Isabelle Teotocchi, alias Bettine, épouse d'un Albrizzi qu'elle abandonna rapidement, et qui fut longtemps la muse de Vivant Denon (à ce propos, lis les *Lettres à Bettine* éditées chez Actes Sud). Empruntons le *Rio terà delle Carampane* à gauche et traversons le pont *delle Tette* (le pont des tétons). À gauche, en hauteur, tu peux remarquer une passerelle métallique qui enjambe le canal et permet aux heureux propriétaires du palais Albrizzi de se rendre dans un jardin édifié sur les ruines d'un ancien théâtre. Emprunte maintenant le quai *delle Tette,* puis la *Calle de la Stua* (étuve). Le quartier a la franchise d'afficher ses spécialités !

Derrière l'église **Santa Maria Materdomini** ㉒, traversons le *Rio de la Pergola*, et prenons à gauche la charmante *Fondamenta della Grua*. Avant d'apercevoir au fond une curieuse patère représentant deux paons et un aigle qui picore la tête d'un lion, empruntons le délicieux passage du ***Filatoio***, autre coin oublié de la Venise secrète ㉓.

Il est temps de rentrer. Passons devant le palais Mocenigo (Centre d'étude et d'histoire du tissu et du costume) et regagnons le Grand Canal au niveau de l'**église San Stae** ㉔ (Saint-Eustache). Cette église baroque à la belle façade imitant un temple grec s'ouvre sur une nef unique, immaculée, glaciale. Quelques beaux tableaux, un Piazzetta (saint Jacques mené au martyre) et un Tiepolo de jeunesse, admirable déjà, représente saint Barthélemy qu'écorchent deux brutes dans l'ombre.

De là, tu rentres facilement à l'Accademia par le vaporetto.

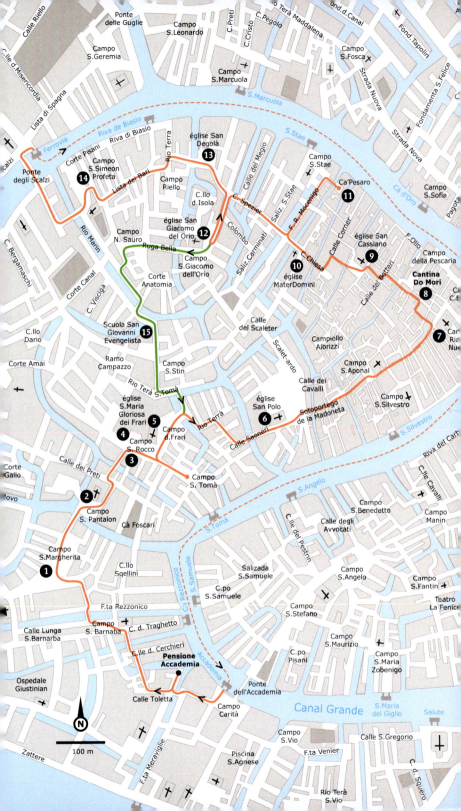

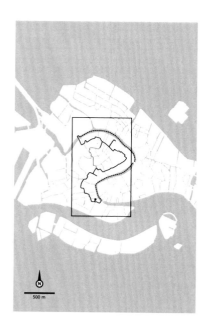

500 m

San Rocco, Frari, San Polo, Sestier de Santa Croce

Sortis de l'hôtel, nous allons prendre immédiatement à droite (*Calle della Toletta*). Il y a toujours un intense trafic piétonnier, car ici on est sur deux axes vitaux, celui qui mène à la *Ferrovia* (gare) et celui qui conduit au Rialto. Malgré tout, c'est sans comparaison avec le trajet Rialto-San Marco, emprunté par les dizaines de milliers de *touristes d'un jour*.

Nous arrivons bien vite au ***Campo Santa Margherita*** ❶, vaste place tout en longueur, très animée car les étudiants en ont fait leur quartier général. Le soir, les marchands de glace et les bars ne désemplissent pas. Le matin, les ménagères viennent faire leurs courses au marché, fruits, légumes, poissons. Au fond, on remarque la silhouette de ce qui fut autrefois une église, campanile tronqué, nombreuses patères religieuses (en particulier un ciboire et une hostie indiquant la maison du curé), belle statue de la sainte (je lui trouve un air masculin ambigu) terrassant un dragon, quelques têtes grotesques pour éloigner le Malin. Renseignements pris dans la mercerie en face, cette église a été transformée, il y a une quarantaine d'années, en un cinéma porno (*da luci rosse*, m'a dit la dame, en gloussant, c'est-à-dire les lumières rouges). C'est aujourd'hui une salle de conférences pour l'université Ca'Foscari. La porte est souvent ouverte. N'hésite pas, entre ! Et tu découvriras un magnifique petit théâtre à l'italienne, avec loges, rideau de scène cramoisi, plafond peint à la fresque.

Juste avant le pont, tourne-toi et admire la série de têtes qui décorent la façade de la maison.

Franchis le canal et te voici devant l'**église San Pantalon** ❷, du nom d'un martyr des premiers temps. Sa façade, d'une étonnante austérité, mur de briques percé de trois portes et d'une fenêtre en arc, est à l'évidence inachevée comme en témoignent les nombreuses logettes entre les briques qui auraient dû servir à fixer les plaques de marbre. Les rares touristes viennent surtout pour l'incroyable plafond en trompe-l'œil, œuvre de Fumiani (vers 1700) qui relate la vie du saint homme : profusion de personnages, jambes pendantes dans le vide, nuées triomphantes, palais et personnages d'importance, rendent difficilement lisible l'immense tableau. Dans une chapelle à droite, un Véronèse un peu sombre représente le miracle de l'enfant envenimé et ressuscité.

Saint Pantalon est originaire de Nicomédie. Orphelin de mère, ce médecin était si célèbre qu'il soignait l'empereur lui-même. Un de ses amis, converti au christianisme, le pressa d'en faire autant. Un jour, il découvrit le cadavre d'un enfant à côté d'une vipère. Comprenant ce qui s'était passé, il invoqua le nom du Christ ; l'enfant ressuscita, et la vipère mourut. Il passa le reste de sa vie à soigner les miséreux gratuitement ce qui lui valut, de la part du Christ lui-même, le surnom de Pantaleïmon, le miséricordieux. Il fait partie du groupe des saints thaumaturges et anargyres, comme Côme et Damien, c'est-à-dire des saints qui guérissaient sans se faire payer. Agacé, l'empereur ordonna sa mise à mort par décapitation, non sans quelques supplices préalables, brûlures par des torches, immersion dans un bain de plomb fondu, tentative de noyade et présentation aux bêtes féroces.

Évite de te tordre le cou et dirige-toi à gauche, vers la chapelle du *Saint Clou*. Elle contient quelques inestimables trésors. Dans le maître-autel de marbre blanc est enchâssé un coffret de cuivre avec l'inscription, H. (*hic*) CLAVUS PEDIUM D.N.I.C. A. (*Domini nostri Iesu Christi. Amen*). C'est l'*authentique* clou de la Croix remis aux bonnes sœurs de l'endroit, par Saint Louis lui-même, pour le cas où il lui arriverait quelque chose… Le tabernacle est vide aujourd'hui, mais je feins de croire à la présence du clou. La certitude du merveilleux est plus rassurante que l'angoisse du doute. À droite un exceptionnel tableau de Vivarini et d'Alemagna qui représente le Paradis, ou le couronnement de la Vierge. Ils sont tous là : la Trinité, la Vierge, mais aussi les saints, les martyrs, les Patriarches, les Pères de l'Église (Jérôme, Augustin, Ambroise, Grégoire, reconnaissables à leurs attributs), les Évangélistes. Des petits *putti* grassouillets portent les instruments de la Passion. Tout en haut, enchevêtrés, les anges, organisés en neuf degrés, répartis en trois ordres, avec leurs ailes et leurs codes couleur, Séraphins, Chérubins et Trônes, forment un cercle autour de la Trinité, puis les Dominations, Vertus et Puissances, assistent, renforcent et inspirent les saints, enfin Principautés, Archanges et Anges aident les saints mineurs, les bienheureux et les pauvres hommes que nous sommes.
Cette minuscule chapelle renferme également un Lorenzo Veneziano (délicieuse *Vierge à l'Enfant et au coquelicot*), une Mise au tombeau, et une Vierge sculptée de facture bourguignonne.

En face de l'église, dirige-toi vers le Campiello Ca'Angaran, et admire sur la façade du Palazzo Signolo Loredan une curieuse patère byzantine qui représente un empereur du XIIᵉ siècle. Ouvre la porte grillagée, elle donne sur une magnifique cour, ancienne, récemment restaurée. Tout le charme de Venise est là, à l'écart des foules.

Bientôt nous arrivons sur une petite place, juste derrière les Frari, merveilleux décor à l'italienne, encadrée par l'église de San Rocco, et par la **Scuola Grande di San Rocco** ❸.

Saint Roch (Montpellier, 1340 – Voghera, 1379) était orphelin de mère. Il étudia vraisemblablement la médecine, et à sa majorité, après avoir distribué tous ses biens aux pauvres, il partit pour l'Italie, ravagée par la peste. Il se dévoua aux malades, si bien qu'il finit par contracter le mal. Pour ne pas contaminer son entourage, il se réfugia dans une forêt, où un chien lui apportait tous les jours un morceau de pain qu'il dérobait à son maître (*roquet* proviendrait de Roch). Un peu plus tard, pris à tort pour un espion, il fut jeté cinq années durant en prison, car il refusait par humilité de se faire reconnaître. Il mourut dans le plus extrême dénuement à Voghera, où une marque sur son cadavre le fit reconnaître (un nævus en forme de croix sur le flanc droit). Il eut droit à des funérailles grandioses, mais bientôt Venise négocia l'achat du saint corps, en daignant toutefois laisser un avant-bras à Voghera. Plus tard, un tibia sera envoyé à Montpellier.

Élégante façade à deux étages ornés d'arcs et de colonnes, revêtue de marbre polychrome, elle donne une grande impression de puissance. La *Scuola Grande di San Rocco* l'était assurément. La construction a débuté en 1516 (Bartolomeo Bon) et a été poursuivie par Scarpagnino (1549).

La façade est une merveille Renaissance avec quelques réminiscences gothiques. Curieusement, elle ne présente pas de symétrie. Deux étages séparés par une corniche en relief, monumental porche d'entrée flanqué d'une fenêtre bigéminée à gauche et de deux à droite ainsi que d'une autre porte, cinq fenêtres doubles à l'étage surmontées d'un fronton triangulaire, la caractérisent.

Clin d'œil amusant, la présence de petits animaux, chiens, lions, éléphants, aujourd'hui très abîmés, au pied des puissantes colonnes (saint Roch guérissait aussi les animaux).

Il faut bien deux heures pour apprécier l'immense travail du Tintoret (1564-1587, une vingtaine d'années consacrées à l'œuvre de sa vie, sa chapelle Sixtine à lui !) qui a couvert des mètres et des mètres de toile, aidé par ses assistants, son fils Domenico et sa fille bien-aimée Marietta.

Mais le Maître n'obtint pas le *marché* sans difficulté !
Au moment où l'on commence à débattre de la décoration de cet immense ensemble, le Tintoret se lance dans l'aventure alors qu'il est en délicatesse avec la scène vénitienne, qu'il est fâché avec le vieux Titien, que Véronèse remporte de francs succès et que la bataille fait rage autour de la nouvelle manière de représenter la lumière, des sensibilités religieuses, du changement politique qui invite les Scuole à plus de modestie pour se consacrer davantage à leur fonction première, la charité.
La Scuola convoqua donc *trois ou quatre maîtres parmi les plus zélés* (sic) afin qu'ils lui présentassent leur projet sous la forme d'un dessin préparatoire ovale. Prévenu par une faction qui lui était favorable, instruit de la dimension exacte et de la forme de l'espace ovale à couvrir, qui correspond au plafond de la salle de l'Albergo, il Tintoretto réalisa avec une remarquable rapidité une huile sur toile, un *Triomphe de saint Roch*, reçu à bras ouverts et en grande pompe par Dieu le Père et ses anges. Le tableau placé *in situ* et *offert*, alors que ses rivaux n'avaient que des esquisses à proposer, fit scandale. La manière, *à la hussarde*, déplut et certains membres de la Scuola demandèrent que l'œuvre fût décrochée. Mais son opiniâtreté, la qualité de l'œuvre et surtout le fait qu'il en fît don, conduisirent la balance à pencher en sa faveur. Après de tumultueuses délibérations, le Tintoret fut déclaré vainqueur. Par K.O.

La salle du rez-de-chaussée est consacrée au cycle du Nouveau Testament. Fais le tour dans le sens horaire, en commençant par le premier tableau à gauche. Regarde les détails de la crèche, les animaux familiers dans des paniers, la lumière en demi-teinte, le fondu des couleurs, variation de l'ocre où jamais aucune couleur ne heurte. Au fond, comme se faisant pendant, à droite Marie l'Égyptienne dans son décor oriental partie de Palestine pour expier ses péchés dans le désert, et à gauche Marie Madeleine au pied d'un arbre qui projette ses branches tordues vers le ciel ; on dirait un homme désespéré.

Après la montée du majestueux escalier, on a le souffle coupé par l'immense salle capitulaire, couverte de toiles d'inspiration biblique incrustées dans un plafond couvert d'or, et évangélique sur les murs, placées entre les grandes arcades bigéminées. Des lampadaires à coupoles de bonne taille diffusent vers le plafond une lumière sourde qui convient parfaitement aux couleurs de forge de la peinture du Tintoret, le brun et le marron, le rouge de la braise, le gris et le noir des cendres. Çà et là, une étincelle de lumière jaillit, qui éclaire l'ensemble. Utilise les miroirs pour admirer les œuvres du plafond : miracle du serpent d'airain, Moïse faisant jaillir l'eau du rocher, la manne, Jonas et la baleine...

Sur les murs, d'immenses toiles traitent de la vie de Jésus : Adoration des bergers, baptême, prière au Mont des Oliviers, dernière Cène, Résurrection... Impossible de tout voir, chaque toile mériterait à elle seule de longues minutes de contemplation. Partout ce formidable sens de la mise en scène, des positions des personnages, des couleurs.

Au fond, quelques chefs-d'œuvre négligemment posés sur des chevalets, Titien, Bellini, difficiles à contempler car on ne peut pas s'en approcher.

La salle capitulaire est meublée par les somptueuses stalles en bois de Francesco Pianta, réalisées à partir de 1657, travail qui lui prit une vingtaine d'années. Elles sont éclairées par de volumineuses lanternes vénitiennes en verre opalescent. Juste à droite en entrant, une stèle en bois, surmontée d'une tête de Mercure, est couverte des explications autographes de Pianta, tracées à l'encre noire. Les panneaux sont régulièrement entre-coupés par des sculptures allégoriques : la mélancolie au regard triste, l'ignorance avec son âne, la science et ses livres, la fureur et l'espion qui encadrent une fausse bibliothèque plus vraie que nature, Cicéron prenant la défense de la sculpture, à côté d'un Tintoret débonnaire…

Mais le plus fabuleux est à venir, l'immense Crucifixion (une de ses rares œuvres à être signée et datée) dans la salle de l'Albergo (12 x 5 m). Assieds-toi et regarde ce Christ en contre-plongée. Toutes les lignes de fuite convergent vers lui. À ses pieds, les saintes femmes, Jean, la soldatesque qui joue ses vêtements aux dés. On achève de hisser le bon larron. Le mauvais semble se débattre. Tout autour une théorie de personnages à cheval, à pied, quelque peu indifférents au drame. Comment un homme, presque tout seul, a-t-il pu imaginer, concevoir, réaliser un tel absolu chef-d'œuvre, mettre en place tant de personnages, sans que le regard soit distrait, au fond, de la contemplation de ce Christ qui semble plonger sur nous ?

À gauche, sur un petit chevalet, une nature morte – trois pommes, de la main du maître –, et découverte pendant des travaux de restauration. On dirait un Cézanne !

N'omets pas, juste derrière toi, la *Montée au Calvaire* à gauche, et à droite Jésus, calme et tout de blanc vêtu, présenté à Pilate qui s'en lave les mains.

Un escalier mène à l'étage supérieur. Remarque, avant de mon-ter, deux toiles de Tiepolo, Abraham avec Agar et Ismaël. Dans la salle supérieure sont conservées dans de lourdes armoires, fer-mées par de superbes ferrures, une grande quantité de reliques (épines, saint Matthieu, saint Thomas, saint André).

Dans le chœur de l'*église San Rocco* ❹, le Tintoret nous parle de la vie de ce grand saint et de ses miracles : saint Roch guérissant les pestiférés, saint Roch dans le désert, saint Roch soignant les animaux, saint Roch en prison. Le génie du peintre pour la mise en scène est éclatant. Arrête-toi sur les détails, dans la scène de la prison, notamment. Sous le maître-autel, le corps du saint auquel manquent une jambe et un bras...

Sur le mur de droite, deux autres admirables toiles, *Saint Roch capturé à la bataille de Montpellier*, et *La Piscine probatique* (lieu où, selon la tradition juive, on lavait le bétail avant le sacrifice au Temple).

À gauche en entrant admire le Christ en croix de Brustolon et son périzonium délicat et vaporeux, comme soulevé par la brise. Quelques Ricci méritent plus qu'un coup d'œil, *sainte Hélène et la Croix, saint François de Paule ressuscitant un enfant mort*, dont on sent tout le poids dans les bras de sa mère désespérée.

Avant de sortir, consacre un moment à admirer le mur du fond entièrement recouvert d'une merveille récemment restaurée, la tribune de l'orgue et de la chorale, supportée par de délicates colonnes simples ou bigéminées, en bois, coiffées de chapiteaux corinthiens dorés. La peinture imite le marbre à merveille.

Tout près de là, sur le **Campo San Tomà**, se dresse la Scuola dei Caleghieri (cordonniers) ; au-dessus du porche, saint Marc donne sa sandale à Anianus, le cordonnier d'Alexandrie, futur évêque... Remarque, sur une façade, le sigle SR qui marque cette maison, à la manière d'un sceau, comme étant la propriété de la confrérie.

Continuons et entrons dans **Santa Maria Gloriosa dei Frari** ❺ (*Fratelli minori*), puissante église de brique, modeste à l'extérieur, mais d'une incroyable architecture intérieure. C'est l'autre église des Franciscains.

Elle présente une austère façade en brique, tripartite, percée de trois oculi et surmontée de trois clochetons. Le portail, en pierre d'Istrie, représente un Christ ressuscité entouré d'une Vierge à l'Enfant et de saint François. À l'arrière, sur le côté gauche, deux autres portails, l'un surmonté d'un joli tympan gothique, l'autre plus modeste, sont dominés par un puissant campanile. Entrons.

L'intérieur est saisissant de majesté. On y distingue la nef, immense, le chœur clos et un transept dans lequel s'ouvre le chœur flanqué de trois chapelles à gauche, et de trois à droite, prolongés par la sacristie. Les chefs-d'œuvre sont omniprésents...

Un imposant chœur de marbre (magnifiques bas-reliefs à l'extérieur), aux stalles gothiques sculptées par des artisans strasbourgeois, occupe l'espace médian.

Sur les parois de la nef sont plaqués les cénotaphes d'hommes illustres. Titien a le sien, affreux, démesuré. On ne sait même pas où se trouve son corps. À Canova, mort à Venise en 1822, on a dédié une pyramide sinistre, qui renferme son cœur, dont la porte entrouverte attire un petit groupe. Tout est symbole, la mort voilée que suivent un jeune homme presque nu porteur du flambeau de l'immortalité, Éros et Psyché, les trois Grâces, Persée et Méduse, un gros lion ailé endormi... Le monument de Pesaro est extraordinaire, avec ces grands esclaves africains, porteurs du lourd tombeau de pierre, qui laissent voir leurs genoux noirs, à travers les haillons de leurs culottes en marbre de Carrare. Deux squelettes tiennent des tablettes qui font l'éloge du défunt. C'est l'œuvre de Just Lecourt.

À l'avant du transept, une succession de chapelles que je te conseille d'admirer de gauche à droite. La chapelle San Marco, avec de somptueux Vivarini, et un beau *Jean Baptiste* de Sansovino auquel il manque un bras, la chapelle des Milanais et la tombe de Monteverdi, une simple dalle, toujours fleurie par des mains anonymes, un *Saint Jean Baptiste* (auquel il manque un doigt) de Donatello...

Mais les regards sont attirés par le chef-d'œuvre de Titien, l'*Assomption de la Vierge*, première œuvre d'importance (1516). Les onze apôtres assistent, incrédules, au prodige. La Vierge, baignée de lumière, dans une attitude tendue s'envole vers un nuage où l'attend le Père Éternel entouré d'anges. Les couleurs sont exceptionnelles, d'or, de pourpre, d'ocre...

Au-dessus de la porte de la sacristie, la statue équestre de Savelli serait de Jacopo della Quercia, le fameux Siennois. Entre. Là t'attend un somptueux autel baroque en porphyre, incrusté de plaques de marbre de Carrare, somptueusement sculptées en ronde-bosse par Francesco Penso dit Cabianca (Crucifixion, Descente de croix, Mise au tombeau, anges en larmes, porteurs des instruments de la Passion), et qui abrite ni plus ni moins que le Sang du Christ ! Quelques modestes gouttes, il est vrai, recueillies par Marie Madeleine, et mélangées à un baume. Au-dessus, une sorte de dais en bois doré, agrémenté de trois anges ailés virevoltants, œuvre de Brustolon.

Au fond, une Vierge de Bellini, modeste et éclatante, se détache d'un cul-de-four scintillant d'or. À droite de la porte, jette un œil sur une horloge délirante, œuvre du génial Pianta.

Plus loin, un très beau cloître abrite une margelle de puits baroque, recouverte d'une sorte de dais.

Quelques pas et voici l'**église San Polo 6** et l'une des *Cènes* du Tintoret, toujours spectaculaire mais un peu raide. La sacristie renferme un chef-d'œuvre du fils Tiepolo, Giandomenico. Seize tableaux, illustrant le Chemin de croix, traités de manière dramatique et élégante, à la mode du XVIIIᵉ siècle. La troisième chute du Christ est très inspirée de son génial père (voir l'église Saint-Alvise). Il y a, dans la foule beuglante, des trognes à la Daumier. Le ressuscité dans sa brouette, à qui sainte Hélène présente la Croix, est extraordinaire avec sa tête d'ahuri. Il faut dire qu'on le serait à moins !

Continuons notre chemin en direction du Rialto et emprun-
tons la petite ruelle à gauche devant l'église **San Giovanni
Elemosinario** ❼. Là t'attend un excellent *bacaro*, **Do Mori** ❽
(*Calle do Mori 429*).

Au lieu d'une sieste, je te propose de poursuivre ! L'**église San
Cassiano** ❾ est à quelques pas. Elle abrite de beaux Tintoret
dans le chœur, et cache une jolie chapelle baroque dédiée à saint
Charles Borromée, grand artisan du concile de Trente.

Un peu plus loin, sur le chemin de la gare (*Ferrovia*), nous
débouchons sur le campo **Santa Maria Materdomini** ❿. Sur
cette placette tranquille on peut admirer la façade d'un beau
palais du XIIIe (Palazzo Zane), aux fenêtres trilobées ; sur le mur
en face, un lion entièrement martelé par la soldatesque napoléonienne ; et l'église Renaissance construite sans doute par
Codussi, qui renferme quelques trésors (découverte de la Croix
du Tintoret, bas-relief du XIIIe siècle, une Vierge orante, et, dans
le chœur, une Vierge en terre cuite attribuée à Donatello).

Tu peux faire un petit détour vers la *Fondamenta Pesaro* pour
admirer, au numéro 2060, la belle façade du palais Agnusdio,
et ses symboles évangélistes.

Juste à côté, accorde un moment à la **Ca'Pesaro** ⓫, magnifique
palais de Longhena, au bord du Grand Canal, aujourd'hui Musée
d'art moderne de la ville de Venise, dans lequel on peut admirer
des œuvres acquises ou offertes pendant les premières biennales.
C'est ahurissant de constater combien le goût a changé : ici pas
de vidéos bruyantes, de conceptuel, d'exercices scatologiques.
On y admire quelques croûtes émouvantes, mais aussi Bonnard,
Kandinsky, Klimt, Matisse, Klee, Khnopff et bien d'autres. On
y trouve aussi les grands Italiens modernes, Balla, Chirico,

Morandi, Boccioni, Pisis et Sironi. Deux tableaux m'émeuvent particulièrement : *Les Pauvres exclus de Noël*, de Morbelli, on dirait un Hopper, en mieux, et *L'Abandonnée*, de Luigi Nono, grand-père du célèbre compositeur.

Mais reprenons notre chemin et poursuivons par la *Calle Modena*, jusqu'à la *Calle Tintor Parucchio* qui mène à l'église de **San Giacomo dell Orio ⓬**.

La place de l'église est belle, les petits vieux du quartier s'y réchauffent au soleil. Profite de la douceur de l'après-midi pour déguster une crème glacée chez Majer.

Dédiée à saint Jacques le Majeur, apôtre, elle est surnommée *dell'Orio*, par déformation de *del rio*. Le plafond en bois est superbe, et évoque la carène d'un navire ; n'oublie pas que les meilleurs ouvriers de l'Arsenal étaient voués à la réalisation de ces charpentes. Au-dessus de l'autel un Lotto moyen, compassé (Vierge avec les saints Jacques, André, Côme et Damien), est partiellement masqué par un crucifix de style byzantin de Paolo Veneziano (1350). L'ancienne sacristie, à gauche, est couverte d'œuvres de Palma le Jeune, sur le thème de l'eucharistie, selon les recommandations du Concile de Trente.

En réaction à la Réforme protestante, l'Église catholique va se transformer profondément au cours du Concile de Trente. C'est la Réforme catholique, ou Contre-Réforme. Le concile se déroulera en trois phases successives, d'abord à Trente (1545-1547) avec Paul III, puis à Bologne (1547-1549) avec Jules III, enfin à Trente (1562-1563) avec Paul IV. On y affirmera de manière solennelle l'importance de la Vulgate de saint Jérôme, la valeur des sept sacrements, on réhabilitera la vie morale, on proclamera la réalité de la présence du Christ dans le pain, la transsubstantiation, on instaurera le culte des saints et on établira la valeur des indulgences. La Contre-Réforme s'appuiera sur l'autorité de la Compagnie de Jésus fondée par

Ignace de Loyola. Parallèlement à ce renouveau spirituel, les papes encourageront dès le début du XVIIᵉ siècle une révision de l'architecture religieuse, qu'ils veulent plus vaste, plus imposante, majestueuse, utilisant une mise en scène somptueuse faisant appel au stuc, au bronze et à l'or. C'est le baroque qui se veut une véritable mise en scène pour attirer les foules, en opposition totale avec le dépouillement austère des réformés. La sculpture suivra, ainsi que la peinture, brillante, vivante, tout en contraste avec l'austérité protestante, en accord avec le prosélytisme d'un catholicisme triomphant. C'est de cette époque que date la *baroquisation* de nombreuses églises italiennes. Cette réforme artistique ne pénétrera pas le beau royaume de France, malgré la visite du Bernin à Louis XIV, dont les artistes bien en cour prônent un classicisme à la française.

Avant de sortir, jette un petit coup d'œil, à gauche, sur le tableau de Zompini qui représente le seul miracle de la Vierge, raconté par Jacques de Voragine. Alors qu'elle était dans son cercueil, porté par Pierre, Paul et les autres apôtres, endormie et non pas morte (dormition), un grand prêtre se précipita sur elle en criant : *Jetons au feu le corps qui a porté ce trompeur !* Alors ses mains se desséchèrent, se collèrent à la pierre, le tombeau s'éleva dans les cieux, et les mains s'arrachèrent du corps de l'homme, écroulé à terre, désormais amputé.

Enfin regarde le beau buffet d'orgue peint par Schiavone, Jésus calme la tempête du lac, la discussion avec les Docteurs de la loi, le martyre de saint Jacques, le roi David jeune et vieux.

À partir de là, deux variantes pour rentrer à l'hôtel (voir plan).

Retour en vaporetto.

Si tu es fatigué, continue le parcours vers la gare (*ferrovia*), *Calle Larga* qui longe le petit secteur de *l'isola*, jadis une petite île avant que les canaux ne soient comblés, puis *Calle del Spezier* qui nous mène directement à l'église **San Zan Degolà** ⓭ (saint Jean le

Décollé, c'est-à-dire le Baptiste). C'est aujourd'hui un lieu dédié au rite orthodoxe. Sur la façade sud de l'église, la tête du saint sur un plat est représentée sur une patère usée par le temps. Pour certains ce serait celle d'un dénommé Biasio, qui servait dans son restaurant des mets succulents à base de chair d'enfants. Dénoncé, découvert, la République le condamna à d'atroces supplices avant de le pendre sur la Piazza.

Engage-toi dans la *Calle Bembo*, la *Lista del Bari* qui te conduit à **San Simeone Grande** ❶❹ (saint Simon le Prophète, apôtre du Christ), dans laquelle on peut admirer l'une des sept cènes du Tintoret. Un peu plus loin, au bord du Grand Canal, l'église de **San Simeone Piccolo** (en fait saint Siméon qui reconnut le Messie lors de la Présentation de Jésus au Temple). On y dit des messes en latin le dimanche, accompagnées de chants grégoriens.

Tu peux traverser le Grand Canal et prendre le vaporetto pour l'hôtel.

Retour à pied.

Mais au contraire, si tu es encore en pleine forme, tu peux rentrer directement à pied depuis l'église San Giacomo dell'Orio en passant par la magnifique et délaissée **Scuola Grande di San Giovanni Evangelista** ❶❺. Pour cela, traverse le pont derrière l'église, rejoins le *Campo Sauro*, traverse le *Rio Marin* et le *Rio di San Zuane*. Tu es arrivé.

Elle ne semble plus être visitable, pendant la basse saison, que sur rendez-vous. Un peu en retrait de la rue, elle est séparée de celle-ci par un splendide porche de 1481 des frères Lombardo, en marbre immaculé, traité à la manière d'une iconostase, surmonté de l'aigle de saint Jean.

Du rez-de-chaussée, et de sa vaste salle (belle colonnade gothique), siège d'une intéressante glyptothèque, part un majestueux escalier à double volée de Mario Codussi. Il est construit en trompe-l'œil : en effet, pour lui donner plus de longueur apparente dans cet espace exigu, et donc plus de majesté, le génial architecte l'a fait un peu plus large en haut qu'en bas, d'un mètre environ. Ainsi, vu d'en bas, le point de fuite est éloigné, allongeant artificiellement la perspective de l'escalier.

À l'étage se trouve la grande salle du chapitre, théâtrale, plafond à fresque, autel de marbre, stalles en bois, superbe sol de marbre mosaïqué. De part et d'autre, de nombreuses toiles, dont deux miracles pittoresques de saint Jean, le poison qui s'échappe de son verre sous la forme d'un serpent, et le chaudron d'huile bouillante dont il sort indemne.

Juste à côté, plus sobre, la salle de la Croix qui abritait autrefois le cycle du *Miracle de la Vraie Croix*, aujourd'hui à l'Accademia, hélas ! Les tableaux de Bellini père, Carpaccio, Mansueti, Bastiani, tous peints entre la fin du XVe siècle et le début du XVIe, racontent les miracles qui se sont produits en 1369, lorsque le reliquaire de la Croix, offert à son retour de Jérusalem par Philippe de Mézières, fut promené dans Venise. Des photographies des œuvres originales permettent de restituer l'ambiance (guérisons miraculeuses, promenade de la sainte relique, chute de la relique dans l'eau, remise de la relique à la *scuola*...). Sur l'autel, miracle des miracles, le tabernacle est exceptionnellement ouvert ; il contient l'authentique relique en argent doré, vieille de sept siècles, la même, rigoureusement la même, que celle représentée sur les tableaux. Elle contient quelques fragments de la vraie croix. Moment d'émotion pure. En face du bâtiment, une petite chapelle, très rarement ouverte.

Il ne te reste plus qu'à regagner les Frari et le chemin de l'hôtel (direction *San Marco*).

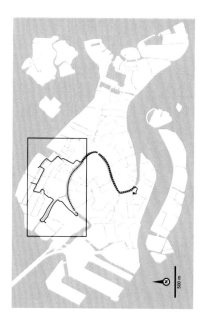

Cannaregio et le Ghetto

Aujourd'hui je t'emmène dans mon quartier préféré, le plus à l'écart du tumulte du centre, nostalgique, comme alangui, mais aussi aéré, tranquille, ordonné autour de trois canaux rigoureusement parallèles, une particularité dans cette ville tortueuse, qui offrent un contraste saisissant avec le fouillis parfois obscur des *sestieri* de San Marco ou San Polo. Les maisons sont basses, les ruelles plus larges, les débouchés vers la lagune nord nombreux.

C'est le Cannaregio, quartier de lumière, lieu où poussaient les roseaux (*canne*), plus infesté de moustiques autrefois et donc plus insalubre. Situé au nord-ouest, traversé par le canal éponyme, qui se prolonge par un ancien lit de rivière vers la terre ferme, c'est par là qu'arrivaient les marchandises locales. Ici, pas d'échoppes, de magasins ou de bazars ; seuls quelques rares restaurants. Quelle que soit la saison, les touristes l'ignorent et c'est tant mieux.

À l'Accademia, monte sur un vaporetto, de la ligne 1 (omnibus) ou 2. Vois défiler les palais sur la plus belle avenue du monde. Apprends à distinguer les gothiques (*Fondaco dei Tedeschi*), les gothiques fleuris (*Ca'd'Oro*), les opulents palais Renaissance (*Palazzo Grimani, Palazzo Papadopoli*), les baroques assagis (*Ca'Rezzonico, Ca'Pesaro*). Cherche les mascarons, nobles ou grotesques (*Palazzo Corner della Regina* qui a appartenu à la reine de Chypre, laquelle légua son royaume à la Sérénissime), les vanités (emblème de la *Scuola dei Morti* juste après l'église Santa Lucia), admire les cheminées, réponds aux saluts des Chinois hilares dans leurs gondoles, admire la fluidité du trafic qui se rit des embouteillages, adresse une pensée à Wagner en passant devant le casino...

Départ de la gare Santa Lucia (*stazione*), la *porte de service*, comme la surnomme Gustav von Aschenbach (*La Mort à Venise*). Rapide visite à l'**Église des Scalzi** ❶ (les Carmes déchaussés), bombardée pendant la Première Guerre mondiale et partiellement détruite. Des Tiepolo, il ne reste presque plus rien. Salue le dernier doge, Ludovico Manin, qui est enterré ici.

Suivons le flot des touristes, fraîchement arrivés, hagards, égarés, tout chiffonnés de leur nuit blanche, qui suivent, anxieux, leur guide de chair ou de papier, en tirant leurs valises à roulettes. Nous arrivons rapidement à l'**église de San Geremia e Santa Lucia** ❷. L'église ne présente pas un intérêt majeur, mais elle contient les restes terrestres de la sainte patronne de la Sicile, sainte Lucie.

Vierge de Syracuse (dixit Jacques de Voragine), Lucie, issue d'une noble famille, répandait le bien autour d'elle ce qui ne plut pas à Paschase, l'officier consulaire qui l'accusa de troubler l'ordre public et l'adjura de renoncer à sa foi. Après un vif échange, Paschase la menaça de l'emmener au bordel pour s'y faire violer, mais ni la force de mille hommes ni la puissance de mille paires de bœufs ne réussirent à entraîner son corps qui paraissait soudé au sol. Après l'avoir souillée d'urine, lui avoir arraché les yeux (Lucie-lux), mise au bûcher, on lui trancha la gorge, et Lucie rendit enfin sa belle âme à son Dieu.

Dans une chapelle latérale, abritée par une châsse de verre, on peut voir le corps momifié de la sainte, malheureusement masqué par des vêtements rouges. Son corps fut récupéré par Constantinople en raison de la menace mauresque, puis volé par les Vénitiens pour d'évidentes raisons de prestige, et transféré dans l'église Santa Lucia. Inutile de chercher dans ton guide, l'église, bien que construite sur des plans de Palladio, a été détruite en 1860 pour faire place nette à la gare... *Stazione di Santa Lucia*, précisément ! Dans la sacristie, derrière la marchande de cartes postales, tu peux voir la sainte et ses yeux dans une coupelle, par Palma le Jeune.

En sortant petit coup d'œil au somptueux **Palais Labia** ❸, dont il est très difficile d'obtenir une autorisation de visite. Et c'est dommage, car il abrite les plus belles fresques qui soient de Tiepolo, réalisées en l'honneur du mariage d'une des filles de la famille, et dont l'allégorie représente les amours de Cléopâtre et Antoine.

Le palais Labia montre la plus admirable chose qu'ait laissée Tiepolo. Il a peint une salle entière, une salle immense. Le sujet ? Une Cléopâtre vénitienne du XVIIIe siècle (Guy de MAUPASSANT).

Cette œuvre a été admirablement restaurée, et se laisse facilement admirer car elle recouvre les murs et évite le torticolis. Sur le mur situé en face de la porte d'entrée, un très beau trompe-l'œil représente un singe qui cherche à échapper à la vigilance d'un laquais noir. À gauche, Cléopâtre, vêtue comme une princesse vénitienne, est accueillie par Antoine qui succède dans son cœur à César dont elle fut la maîtresse. À droite est représentée la célèbre scène où la reine, dédaigneuse, jette une perle de grand prix dans une coupe de vinaigre. Elle a, curieusement, les seins (magnifiques !) dénudés ; sans doute est-on à la fin du repas ? Les deux scènes sont fastueuses, telles que les ont décrites Pline l'Ancien et Plutarque. Au plafond, le Génie chevauche Pégase, le Temps brandit sa hallebarde, Vénus folâtre avec des *putti* et une pyramide rappelle l'Égypte.

D'origine catalane, les richissimes Labia n'obtinrent jamais la permission, n'étant pas inscrits dans le registre nobiliaire (le *Livre d'Or*), de bâtir leur résidence sur le Grand Canal, mais un peu en retrait. On raconte qu'après les dîners ils faisaient jeter ostensiblement la vaisselle d'or par les fenêtres, dans le canal, qu'ils récupéraient ensuite discrètement au moyen de filets cachés dans l'eau...

Arrivé au large canal de Cannaregio, sans le traverser, tu prends le quai à gauche. Au fond, le *pont dei tre Archi*, unique à Venise, ferme la perspective. Juste après, un bon restaurant familial, *Da Marisa*, sert une cuisine savoureuse aux habitués.

L'**église San Giobbe** ❹, juste à côté, est intéressante, avec sa façade de Lombardo (XVe siècle), ses céramiques de Luca Della Robbia (le Père Éternel et les quatre Évangélistes), un retable de Bordone dans la quatrième chapelle droite dédiée aux bateliers et aux gondoliers. Sur le mur de droite étaient présentées avant 1815, date de leur transfert vers le musée de l'Accademia, trois toiles de Basaiti, de Carpaccio et de Bellini. Pourquoi ne les remettrait-on pas à leur emplacement originel ? Au même niveau, une ahurissante sculpture de Claude Perrault, du XVIIe siècle, représente deux lions aux faciès ridicules et comiques.

La sacristie est une belle pièce datant du XVIe siècle avec un magnifique plafond à caissons. Sur l'autel, superbe Antonio Vivarini, une Annonciation entre saint Antoine et l'archange saint Michel. À ses pieds, trois sculptures très abîmées de Pietro Lombardo. À gauche une très belle terracotta du XVᵉ siècle représente une tête d'un vieux saint Bernardin, visiblement édenté. Derrière l'église, un charmant cloître se laisse visiter quelquefois.

Sorti de l'église, franchis le canal de Cannaregio par le pont aux trois arches, emprunte à droite la *Fondamenta* sur trois cents mètres environ et tourne à gauche dans la *Calle del Forno* ou la *Calle del Ghetto Vecchio*. La promenade, dans ce quartier populaire et animé, est délicieuse.

Installée sur une sorte d'archipel, la Sérénissime a très naturellement pratiqué un système ségrégationniste. L'horticulture à San Erasmo et Vignole, l'industrie du verre à Murano en raison des risques d'incendie, les morts à San Michele, les explosifs à la Certosa, les aliénés à San Clemente, San Servolo ou Poveglia, les phtisiques à Santa Maria della Grazia, les malades en quarantaine à Lazzaretto Nuovo e Vecchio, les prisonniers à San Giorgio in Alga, etc.

Encadré par le Grand Canal, le canal de Cannaregio, le rio della Misericordia et les *rii terra* San Leonardo et Farsetti, le **Ghetto** ❺, autrefois une fonderie (*gettare* signifie fondre), fut alloué à la population juive à condition que le quartier soit fermé la nuit, avec interdiction d'en sortir, et que les juifs portent le *segno*, un ridicule chapeau jaune (le jaune est la couleur symbolique de l'or). Originaires d'Europe de l'Est (les ashkénazes), de l'Afrique du Nord et d'Espagne (les sépharades), ou bien d'Italie (selon la légende les populations de cette troisième catégorie auraient été emmenées comme esclaves directement à Rome par César après la destruction du Temple de Jérusalem), les juifs arrivèrent à Venise vers le XIVᵉ siècle.
Même si la vie n'y était pas facile, il semble que la Sérénissime se soit montrée moins intransigeante que bien d'autres capitales

européennes. Les juifs exerçaient essentiellement l'usure, seule profession qui leur était autorisée, puisqu'elle était interdite aux chrétiens. Elle se pratiquait dans trois banques, facilement reconnaissables par les illettrés à leur couleur, rouge, vert et jaune. Outre les nombreux petits métiers qu'ils exerçaient, les juifs étaient réputés pour la médecine qu'ils avaient étudiée dans d'autres pays du fait de leur errance. Occupant d'abord le Ghetto *Vecchio*, puis le *Novo* et enfin le *Novissimo*, les juifs se virent confrontés à l'exiguïté des lieux qui les contraignit à édifier des immeubles de plus en plus hauts, ou à dédoubler des étages. S'ils pouvaient circuler librement pendant la journée, ils devaient s'enfermer la nuit derrière les lourdes portes du ghetto, tandis que des vigiles en bateaux (payés à leurs frais !) faisaient la ronde de nuit à l'entour pour vérifier que personne ne sortait ou ne rentrait.

Le destin du ghetto était lié aux événements extérieurs. Si la guerre, les incendies ou les épidémies de peste faisaient rage, malheur aux juifs ! Au contraire, si la République avait besoin d'eux, alors débutait un petit entracte doré. Leur âge d'or culmina au XVIIe siècle, puis vint le lent déclin, jusqu'à la fermeture du ghetto, et leur émancipation. Les portes du ghetto seront détruites en 1797. Au XIXe siècle, les juifs étaient enfin à peu près assimilés. Manin, le héros de l'Indépendance, était juif, même s'il dut se faire baptiser par la suite ! Victor Emmanuel II, le Père de la Patrie, leur accordera enfin les mêmes droits qu'aux autres Italiens, après l'unité italienne. Mais la solution finale ne les épargnera pas, et sur la place figure un monument qui rappelle cette sinistre époque.

Sur la place du Ghetto *Nuovo*, ornementée de l'inévitable puits vénitien, il règne une atmosphère de grande mélancolie. L'endroit est désert, quelques arbres étiques, un asile pour personnes âgées, peu de commerces en dehors de restaurants *casher*, ou de souvenirs hébraïques, certains de très mauvais goût, comme ce jeu d'échecs en verre de Murano, où s'affrontent des juifs et des palestiniens.

Après avoir pris rendez-vous auprès du Musée hébraïque, tu pourras visiter trois synagogues superbes. La visite est passionnante. Note que les Vénitiens leur ont donné le nom de *Scuola* comme tous les collèges de ce type !

La *Scola Grande Tedesca*, fondée en 1528, est une toute petite salle ovale, traitée comme une bonbonnière dorée. D'un côté, l'Arche d'alliance, sorte de petit temple grec en bois doré, abritait la Torah, dans un tabernacle dont les portes affichent les dix commandements. En face, la *Bîmah*, ou chaire, véritable baldaquin doré, d'où l'officiant lit les textes sacrés. Autour, adossés à des stalles en bois portant l'étoile de David, les bancs des hommes, tandis qu'à l'étage supérieur, derrière une belle balustrade dorée, étaient assises les femmes (c'est la *matronée*). Au centre, une lanterne où est pendu un grand lustre. Au sol, un magnifique *terrazzo* tout gondolé.

La *Scola Canton*, ou synagogue ashkénaze, s'aperçoit de l'extérieur, sous la forme d'un petit édifice de bois, modeste, qui ne laisse pas deviner la richesse de ses décors. La chaire est encadrée par quatre magnifiques piliers tors, en bois, à la manière du Baldaquin du Bernin. En face, l'arche est représentée sous la forme d'un somptueux petit temple grec richement mouluré et doré. Tout autour, deux rangées de pupitres réservés aux hommes, tandis que les femmes se cachaient derrière des panneaux amovibles, à l'étage supérieur, comme de riches moucharabiehs dorés. De part et d'autre, quatre panneaux de bois doré portent de curieux reliefs, à peine esquissés, puisque la représentation humaine est interdite, la mer Rouge, le sacrifice d'Abraham, le rocher d'où jaillit l'eau (on ne voit que l'épée de Moïse), Jéricho, dont la silhouette ressemble à celle de Venise, la récolte de la manne, le buisson ardent...

La *Scola Spagnola* est la plus vaste des synagogues (1584). Entièrement remaniée par Longhena, elle se développe sur deux étages, à la manière d'une *scuola* vénitienne traditionnelle.

L'Arche d'alliance est un temple grec de marbre noir de style corinthien. Tout autour courent cinq rangées de sièges marqués au nom de leur utilisateur. La *Bîmah* est un véritable autel auquel on accède par deux raides escaliers de bois. Du plafond de Longhena, très haut, décoré de ressauts très élaborés, pendent trois gros lustres hollandais. La *matronée* se cache derrière une balustrade. L'ensemble est plus froid, plus théâtral. On n'y ressent pas l'intimité des deux autres temples.

Après avoir traversé le *Rio della Misericordia*, on entre dans le cœur du Cannaregio, et ses trois canaux, outre le précédemment nommé, le *Rio della Sensa* et le *Rio di Santi Riformati*, qui s'étalent d'est en ouest, parfaitement parallèles. Un seul canal orienté nord-sud coupe le quartier en deux parties égales, le *Rio degli Zecchini*. La promenade le long de ces trois canaux, bordés au nord par un large quai où s'amarrent quelques gondoles, est un enchantement. On se prend à marcher doucement, à prendre son temps, à lever le nez à la recherche de belles patères, à pousser les portes entr'ouvertes.

Sur le quai le plus au nord (*Fondamenta degli Riformati*), il faut voir, d'ouest en est, l'hôpital Umberto Ier et son joli jardin qui donne sur la lagune, puis l'**église Sant'Alvise ❻**, dédiée à saint Louis d'Anjou. Il n'y a jamais personne pour admirer les trois exceptionnelles toiles de Tiepolo, visibles sans se tordre le cou. La montée au calvaire d'un Christ vêtu de rouge, écrasé par le poids de son immense croix, au milieu d'une foule que l'on imagine tonitruante, tandis que Véronique retient son linge, accablée. Sous la croupe du cheval, un serpent se tortille. Quelques Orientaux impassibles regardent la scène.
À droite, deux toiles plus petites. Le Couronnement d'épines d'un Christ résigné déjà, comme ailleurs, dans un décor classique romanisant, qu'attestent un buste de Tibère et l'inscription SPQR. Deux Orientaux et une énigmatique jeune fille semblent

surveiller le spectacle. Et la Flagellation, violente, dans une architecture classique. Le magnifique sens du dessin, de la composition et des couleurs donne à ces trois toiles une rare intensité dramatique. On est loin des *putti* joufflus qui s'amusent dans les nuages mousseux. Omniprésentes, les figures d'Orientaux, qui regardent la scène d'un air affligé ou grave, pas méchants, ni tout à fait indifférents, comme Tiepolo les a gravés à la fin de sa vie, dans ces mystérieuses séries des *Capricci* et des *Scherzi*. Au plafond, une architecture fantaisiste en trompe-l'œil totalement ratée. Au fond de l'église, à côté du guichet, quelques tableaux de Bastiani (vers 1500) racontent de vieilles légendes bibliques, *Le Colosse aux pieds d'argile*, *Salomon et la Reine de Saba*, *Tobie et l'ange*, *Job*, *Jéricho*, *Le Veau d'or*...

Pour continuer vers l'est, il faut retraverser le canal jusqu'à la *Fondamenta della Sensa*, et continuer sur le quai jusqu'au *Campo dei Mori* qui mène à l'église de la Madonna dell'Orto.

Petit détour par l'**Hôtel Boscolo** ❼ (*Fondamenta Madonna dell'Orto, 3500*) en saluant aimablement le concierge. Traverse le hall et gagne le jardin, d'un pas décidé. Sous un tertre de terre, masqué par une végétation luxuriante, se trouve une glacière en brique du XVIIIe siècle, à l'acoustique ahurissante. Au fond, la vue sur la lagune nord, dont on ne se lasse jamais. Le jardin est magnifique, on se croirait dans une forêt tropicale.

Tout près de là, la *Corte del Cavallo* rappelle que c'est ici que fut fondu le cheval de bronze du Colleone (qui se trouve devant Zanipolo), la plus belle statue équestre que l'on puisse concevoir.

Et puis vient l'une des plus belles églises de Venise, la **Madonna dell'Orto** ❽. La plus émouvante, assurément. C'est l'église de Jacopo Robusti, le Tintoret.

Flanquée à sa gauche de la *Scuola dei Mercanti*, à droite d'un cloître clos, l'église est en retrait, sur une place qui a conservé son revêtement d'origine, fait de briques disposées en chevrons (*a spina*). Construite par la congrégation des Humiliés au XIe siècle, dédiée à saint Christophe puis à la Madone dont on découvrit un siècle plus tard une statue dans le jardin, l'église présente une très élégante silhouette.

La façade mêle la brique et le marbre. Elle est en trois parties soulignées par des renforts, qui reflètent la division de la nef. Le portail, encadré de pierres blanches, est surmonté d'un arc gothique aigu, qui porte les statues de saint Christophe flanqué de la Madone et de l'archange Gabriel. Au-dessus, une grande rosace et un petit oculus. De chaque côté, dans une niche, six statues représentent les douze apôtres. Au sommet du fronton enfin, cinq pinacles traités comme des tabernacles, abritent les statues de la Prudence, la Foi, la Charité, l'Espérance et la Tempérance. À l'arrière, un puissant campanile de section carrée est surmonté d'un dôme lui-même coiffé de la statue du Christ Rédempteur.

À l'intérieur tu peux admirer Cima (*saint Jean Baptiste*), mais surtout l'absolu chef-d'œuvre du Tintoret, la *Présentation de la Vierge au Temple*. Assieds-toi et admire cette toile presque carrée, initialement destinée à un buffet d'orgue, sa composition diagonale, le dessin magnifique de l'escalier, la femme au premier plan, de dos, en *contrapposto*, la lumière qui émane de l'enfant, la grosse ceinture rouge, à gauche, qui diffuse une lueur sourde... On dit que Tintoretto aurait saupoudré de poussière d'or certaines parties du tableau, dont l'escalier.

Le prêtre de l'église, don Buset, a une connaissance extraordinaire des œuvres qui tapissent les murs. Il explique qu'entre le paiement de ce chef-d'œuvre et sa réalisation se sont écoulées sept longues années, ce qui est étrange lorsque l'on connaît la virtuosité et la rapidité d'exécution du maître.

À l'époque de la commande, Tintoretto, plutôt contrefait et de petite taille, s'était épris d'une belle et plantureuse Allemande, rencontrée à la *Scuola dei Tedeschi*. De cette union adultère naîtra sa bien-aimée Marietta. Malheureusement, la mère mourut lorsque l'enfant avait cinq ans et le Tintoret fut contraint de s'en occuper seul, et de l'emmener partout avec lui, déguisée en petit garçon. Un de ses amis, membre haut placé de la Scuola Grande di San Marco (Marco Episcopi), lui recommanda sa fille Faustina afin qu'elle l'aidât dans ses tâches et lui servît en quelque sorte de baby-sitter. L'entente fut parfaite, et quelques années plus tard, ce qui devait arriver arriva. Tintoretto épousa la très jeune Faustina qui lui donnera son fils Domenico et bien d'autres enfants encore. Cette histoire familiale est représentée sur le tableau : la grande femme charnelle, vue de dos (elle montre sa face B, dit joliment le curé !), est la belle Allemande et le charmant couple à droite représente la petite Marietta dans les bras de Faustina, sa future mère adoptive...

Dans le chœur, du même, l'*Adoration du Veau d'or* pendant que Moïse reçoit les tables de la loi, la *Décapitation de saint Paul*, l'*Apparition de la Croix* à saint Pierre et un ahurissant *Jugement dernier*, sombre, tourmenté, une cataracte de corps qui chutent, des Justes à peine visibles, où les damnés sont condamnés à la noyade... Dans la petite chapelle de droite, une modeste plaque rappelle qu'ici reposent les restes de Jacopo Robusti et ceux de sa famille. À gauche, dans les quatre chapelles, Titien, le Tintoret, Palma le Jeune (une très belle et dense Crucifixion, avec deux ciboires au bas du tableau (importance de l'eucharistie prônée par la Contre-Réforme), et la photo d'un Bellini volé et jamais retrouvé.

Si l'heure convient, tu dois manger à l'osteria l'**Orto dei Mori** (*Campo dei Mori*), sous les curieuses statues des commerçants maures, dont l'un a un nez de fer. Juste à côté, une plaque indique que là vivait le Tintoret, mais on ne visite pas. Sur la façade, une statue d'Hercule, allusion au patronyme du Tintoret, Robusti ?

Reprenons notre flânerie vers l'est. Au bout de la *Fondamenta Contarini*, au numéro 3539 A et 3535, une plaque prometteuse : *Charitas Christi urget nos.* **Piccola casa della divina Provvidenza** ❾. N'hésite pas à sonner. Avec un peu de chance, une brave bonne sœur, cacochyme mais bienveillante, gardienne de cet hospice de vieillards, te laissera entrer. Promène-toi, hume l'air, goûte la tranquillité de ce lieu caché derrière sa façade austère, et surtout, depuis une magnifique terrasse en belvédère, profite de la vue sur la lagune nord, Murano, San Michele, Sacca della Misericordia. C'était au XVIe siècle un magnifique jardin Renaissance où venaient discourir les beaux esprits de l'époque, Titien, l'Arétin, Sansovino. Aujourd'hui on y croise les silhouettes fantomatiques de vieilles gâteuses. On aimerait, malgré tout, y finir ses jours, soigné par les délicieuses moniales. Mais, ainsi que me l'a dit sévèrement l'une d'elles : ici c'est une maison pour les Dames, pas pour les Messieurs !

Un peu plus loin, arrête-toi sur le petit pont qui mène à la *Corte vecchia*. Ruskin disait qu'on y jouit de la plus belle vue du monde. Plus loin, prends à gauche la *Fondamenta della Abbazia*, avec son superbe sottoportego qui mène à la **Scuola vecchia della Misericordia**, aujourd'hui en travaux, puis la *Scuola nuova della Misericordia*, transformée en salle de gymnastique puis en terrain de basket-ball et aujourd'hui restaurée et lieu d'expositions ouvert pendant la Biennale. Un peu plus loin à gauche, le célébrissime **Ponte Chiodo** ❿, seul pont de Venise sans parapet. Photo obligatoire. Reviens sur tes pas, entre dans l'église San Marziale voir les Ricci de la voûte. Sur la *strada Nuova*, tu retrouves la foule. Entre dans la pharmacie (2255A) pour admirer la *Speziera all'Ercole d'Oro*, conservée dans son état du XVIIIe siècle.

Terminons par la **Ca'd'Oro** ⓫. L'un des plus beaux palais vénitiens, aujourd'hui musée.

La maison en fleurs de pierre est faite pour épouser la vie et non pour s'en défendre... Son ordre est celui des fleurs, qui ne semblent si charmantes que pour se plaire à elles-mêmes. Les pierres à jour font penser à une treille de roses, portées sur des iris, dans un cadre de glaïeuls et de lys rouges... Cette façade sans assises apparentes efface de l'esprit le sens de la pesanteur... La Ca'd'Oro est un sourire de femme... et le grand canal mire cette douceur sereine (André SUARÈS, *Voyage du condottiere*).

Après t'être acquitté du droit d'entrée, passe un grand moment au rez-de-canal, admire l'escalier gothique, le puits de porphyre, les mosaïques de marbre qui s'avancent jusqu'à la porte d'eau. Vois le contraste saisissant entre la monumentalité de celle-ci et la modestie de la porte de terre qui débouche dans une ruelle. Dans les étages, Mantegna, Carpaccio, Vivarini, et un très rare et admirable Patinir qui n'a rien de vénitien.

En sortant par la porte de terre, prends dans la ruelle à droite, le vaporetto t'attend. Si tu as du courage, s'il te reste des forces, tu peux aussi rentrer à pied en suivant les indications *San Marco* puis *Accademia*.

Arrivé à l'hôtel, pendant que tu feuillettes le *Glossaire curieux de Venise*, fais-toi servir un *spritz* par Giovanni, tu l'as bien mérité.

Reliquat de la domination autrichienne, le spritz (*spritzen* : éclabousser, gicler, en allemand), est un délicieux apéritif très rafraîchissant. Dans un grand verre, doser 4 cl de Campari ou d'Apérol, suivant les goûts, 6 cl de *prosecco*, 4 cl d'eau de Seltz. Rajouter deux glaçons, et un quartier d'orange ou de citron.

église Santa
Maria Assunta

Torcello

Mazzorbetto

Mazzorbo

Burano

San Francesco
in Deserto

Sant'Erasmo

église
Santa Maria
en Donato

Isola di Murano

église San
Pietro Martice

Isola di
S.Michele

Piazza
S.Marco

Pensione
Accademia

Tronchetto

N

1000 m

Les îles du nord, Murano, Torcello, Burano, San Michele

Aujourd'hui, nous partons pour les îles, Murano, Burano, Torcello ; le temps est idéal. Tes jambes vont enfin pouvoir se reposer !

Il n'y a que deux façons de s'y rendre, le taxi ou le vaporetto. Pour ce dernier, il faut gagner l'extrême nord de Venise, sur les *Fondamente Nuove*. Près de quarante minutes de marche depuis l'hôtel. Tu peux t'économiser quelques pas en prenant le vaporetto jusqu'à la *Ca'd'Oro*. Si tu as le temps tu peux aussi prendre la ligne 4.1 qui fait le tour de Venise, par l'extérieur, dans le sens antihoraire.

Mais le mieux c'est de prendre le taxi. Longtemps j'ai peu goûté ces hors-bords véloces et hors de prix, qui frappent la vague durement, font un bruit d'enfer, t'empêchent d'avoir l'âme vagabonde, occupé que tu es à maintenir ton équilibre. Sans parler de la désinvolture de leurs pilotes, accrochés au portable, et qui pensent déjà à la prochaine course. Jusqu'au jour où j'ai rencontré le délicieux Massimo Boscolo (associé à son gendre

Claudio) et son *motoscafo* de bois verni. Vénitien de souche, amoureux de sa ville, fin connaisseur de quelques secrets, il pratique, comme ses ancêtres, l'horticulture dans le jardin de sa maison sur la Giudecca.

Départ de l'hôtel vers 9 heures, traversée de la Sérénissime par les sombres canaux de la rive gauche, et l'on débouche dans le scintillement de la lagune nord. La lumière est atténuée par quelques beaux cumulus. L'eau de la lagune, sous le soleil, a cette couleur si particulière, opalescente, un peu trouble, un peu glauque, comme les yeux pers qui ont tant de charme. Elle est chargée de matière organique et sa turbidité empêche de voir le fond, si proche. On est au paradis.

Je te conseille l'ordre de visite suivant, pour des raisons pratiques et pour ne pas sacrifier le déjeuner et sa délicieuse pause post-prandiale : Murano, Torcello, Burano.

On aborde **Murano** par son Grand Canal, enjambé par le seul pont Vivarini, ou par l'étroit canal sud bordé des magasins de verre, ou encore l'on peut accoster au pied du phare. On se croirait presque en mer sans le cordon littoral du Lido qui barre l'horizon et l'île de San Erasmo, l'île horticole, toute proche.

On va à Murano pour voir deux églises, le musée du verre, et acheter à meilleur prix, croit-on, de la bimbeloterie. Certaines verreries (*fornace*) organisent des visites guidées, et attirent le chaland en offrant la traversée en taxi depuis leur hôtel. Le voyage est agréable, la visite sympathique, mais gare à la sortie si tu n'achètes rien ! Un peu comme dans un souk à Marrakech (plaisir des yeux !) dont il est impossible de se dépêtrer. À part les grandes boutiques connues qui travaillent avec des créateurs et qui ont pignon sur *calle* à Venise, il y a d'innombrables échoppes qui proposent trois qualités de verre : le local, estampillé, *made in Venezia*, le régional, *made in Italy* (mais où et par qui ?), et l'international (*made in China*, évidemment). Comme pour bien montrer où l'on se trouve, la municipalité a fait installer un peu partout, au centre des petites places, à côté des fontaines, des sculptures de verre géantes, protégées par une barrière métallique, à la fois tours de force, et esthétiques, où l'imaginaire des artistes se donne libre cours.

Saint-Pierre-Martyr, l'église principale, est un bel et noble édifice, lumineux, vaste. Curieusement il n'y a aucune représentation du saint patron dans l'église.

Celle-ci est éclairée par des lustres de verre qui ne dépareraient pas dans un salon. On y trouve un Bellini (retable Barberigo), un Tintoret moyen, un magnifique autel baroque à droite, avec un *putti* jouant avec un crâne. Mais la visite vaut surtout pour les remarquables stalles en bois, sculptées par Pietro Morando aux alentours de 1670. Cette œuvre exceptionnelle, réalisée par un sculpteur dont on ne sait rien, ornait la salle du Chapitre, de la *Scuola San Zuane degli Battuti*. Il s'agissait d'une confrérie de laïcs, flagellants, vêtus de blanc, dont le dos découvert laissait voir le sang des coups de fouet qu'ils s'infligeaient. En 1806 la confrérie est supprimée, l'église détruite, et les stalles sont réinstallées dans cette pièce annexe de l'église, loin de la voracité des troupes napoléoniennes. Ces stalles, en noyer de teinte très chaude, se composent de trente-trois montants, sculptés en ronde-bosse, d'un réalisme saisissant, représentant des personnages aussi variés que Titus, Jugurtha, Pompée, Camille, Bélisaire, Néron, mais aussi de vingt panneaux en relief illustrant la vie du Baptiste.

Dans les deux salles du presbytère sont accumulés de nombreux trésors religieux, vêtements sacerdotaux, vaisselle sacrée, reliques diverses contenues dans de magnifiques ampoules en verre, et surtout ces sculptures sur bois, que l'on trimbalait pendant les processions, comme les vexilles romains.

Originaire de Vérone, saint Pierre Martyr est un personnage du XIIIᵉ siècle, inquisiteur italien, moine de l'ordre de Saint-Dominique de son état. Lorsqu'il était cloîtré au couvent Saint-Jean-Baptiste près de Côme, ses confrères entendaient souvent des voix de femmes provenant de sa cellule. Mais lui se défendait : *Je reçois la visite de sainte Catherine, sainte Agnès et saine Cécile, descendues du ciel pour converser avec moi...* Il eut plusieurs fois maille à partir avec le Démon, et se singularisa en recollant le pied à un malheureux fraîchement amputé. Mais une conspiration se trama contre lui en raison de son excessive rigueur. Un sicaire, payé par des conjurés, le guetta au coin du bois et tenta de l'occire à coups de couteau portés à la tête. Il survécut à ses blessures cruelles et son bourreau, repenti, se fit moine. On retrouve partout à Venise le portrait du saint homme, avec la palme du martyre et une sorte de hachoir planté dans le crâne qui ne semble nullement l'affecter.

Un peu plus loin, au bord du canal, se trouve une merveille byzantine, l'**église des saints Marie et Donat**. Sa construction, de briques crues, débute au VIIᵉ siècle, est reprise au IXᵉ, pour se terminer au XIᵉ.

On l'aborde par l'arrière, du côté de l'abside semi-circulaire à deux étages. Le premier présente une succession de faux portiques borgnes, séparés par de gracieuses colonnettes bigéminées, et le second, ouvert sur un déambulatoire protégé par une balustrade de marbre, forme une élégante galerie. Entre les deux un bandeau décoratif alterne les triangles mosaïqués de marbre. Le toit est recouvert de tuiles romaines. Le campanile, massif, est un peu à l'écart.

Dès l'entrée on est frappé par la légèreté de la construction, trois nefs séparées par deux colonnades gracieuses, et supportant une belle charpente. La mosaïque du cul-de-four est exceptionnelle. Sur un fond doré lumineux une Vierge orante, debout sur une sorte d'estrade qui la sépare des mortels, vêtue d'azur. Quatre lettres grecques l'attestent, c'est la Mère de Dieu (*Mater Theou*), la nouvelle Ève. Derrière l'autel de gros ossements intriguent, vertèbres et côtes. Il s'agit du squelette du dragon que saint Donat a tué par simple évocation du nom de Dieu. En réalité de banals restes de baleine, quelques côtes, une vertèbre.

Attarde-toi sur l'exceptionnel pavement, assez semblable à celui de la basilique Saint-Marc, que tu es seul, ici, à admirer. Dès l'entrée, sur une sorte de rosace, en lettres onciales, apparaît un texte qui précise l'année de la création de l'église (1er jour du mois de septembre 1140). Sur un fond de marbre magnifiquement mosaïqué, de nombreux symboles apparaissent : quatre roues figurant les quatre évangiles, huit, l'infini (arrivée du Christ à la fin des temps), la vigilance (coqs portant un renard), l'immortalité (paons buvant au calice), la lutte du bien contre le mal (échiquier), des hexagones (six, durée de la Création), la prière (grillons), la Jérusalem céleste, un labyrinthe symbolique...

Une excellente brochure gratuite permet de faire le tour de toutes ces merveilles, sans rien omettre.

Tu peux visiter à côté le très intéressant **musée du verre** qui raconte tout sur l'arrivée, depuis l'Orient, du verre dans la lagune.

Prenons un petit *ristretto* avec Massimo et repartons pour **Torcello**. La longueur de l'étape fait de cette section une mini-croisière. Le ciel est immense et le bateau glisse sans effort et presque sans bruit, entre les rangées de ducs-d'albe qui délimitent son chenal. Beaucoup de *pali* sont rongés à leur base, par la pollution mais aussi par leurs habitants, crustacés, bivalves, algues vertes. Un héron ou une mouette qui y a élu provisoirement domicile scrutent l'horizon à la recherche de leur pitance. On longe les *barene*, bancs de sable quasiment immergés au bord desquels les pêcheurs à pied s'affairent. On a l'impression qu'ils marchent sur l'eau. Parfois on rase une construction depuis longtemps écroulée, sur un îlot mouvant que la lagune semble lentement engloutir. Un ancien fort, sans doute, ou un ermitage oublié. À Venise, même la pierre retourne à la poussière.

Massimo engage son bateau dans le canal qui sépare l'île de Mazzorbo, reliée un peu plus loin à Burano par un pont, de celle de Mazzorbetto, isolée du monde, où résistent quelques irréductibles îliens. Et puis nous arrivons bien vite devant Torcello et son unique canal qui se termine en cul-de-sac au pont *del Diavolo*. Le canal est bordé par une jolie promenade, malheureusement refaite à neuf, le chemin a été pavé de briques mécaniques. Il y a là deux ou trois restaurants champêtres très agréables, souvent déserts (privilégie l'Osteria al Ponte del Diavolo). Au bout, la célèbre annexe du Cipriani. On a l'impression d'être au bout du monde.

Torcello (étymologiquement *torre*, tours), ce sont les débuts des Vénètes. Ils furent près de trente mille à vivre ici. Disparus jusqu'au dernier sans doute pour cause de malaria, l'air de Venise étant à cet égard plus sain. Il n'en reste rien. Sauf cette merveille, témoignage du génie de ces populations qui passèrent du Byzantin à la Renaissance, puis au baroque avec une égale maîtrise. En ce mois de novembre, personne ne me dérange. Les lambeaux de brume ajoutent à l'ambiance de mystère mélancolique.

Santa Maria Assunta (VIIe, IXe et XIe siècle), la première cathédrale de Venise, est un joyau avec son mobilier de pierre, ses mosaïques qui rivalisent avec celles de Ravenne. Elle se laisse voir de loin avec son campanile massif. Avant d'entrer, note sur le flanc droit, les volets de pierre (!) qui servaient à protéger le foin à l'époque où cette église abandonnée était utilisée comme grenier...

L'intérieur est merveilleusement lumineux. La décoration est d'une richesse inouïe, contrastant avec la sobriété de l'extérieur. Les mosaïques sont exceptionnelles, sans doute influencées ou même réalisées par l'école ravennaise.

Dans le cul-de-four, sur fond d'or, une Vierge à l'Enfant esquisse une génuflexion. Elle est debout sur une sorte d'estrade. Dans sa main gauche elle tient un linge, allusion au linceul.

L'Enfant brandit les rouleaux de la Loi. Au-dessus, dans l'arc, une Annonciation : la Vierge tient un fuseau. En-dessous, marchant dans une prairie jonchée de coquelicots, les douze apôtres surmontés d'une longue inscription en grec : *Je suis Dieu et l'homme, l'image du père et de la mère. Je suis proche du coupable, mais le repentant est mon voisin.*

Dans la chapelle de droite, un Christ en gloire, entouré des archanges Michel et Gabriel, domine les quatre Pères de l'Église. Un peu en-avant, une représentation du Paradis et de ses quatre fleuves (le Gehon, le Phison, le Tigre et l'Euphrate). Partout, des fleurs et des animaux comme l'on en trouve dans les églises de Ravenne.

Le chœur est séparé de la nef par des plaques de marbre sculptées de motifs symboliques (paons, lions), des transennes, si fines, que la lumière des cierges les rendaient translucides. Au-dessus, une sorte de poutre de gloire soutient un Crucifix placé au-dessus d'une iconostase, la Vierge entourée des douze apôtres.

Mais retourne-toi. Au-dessus du porche d'entrée, comme pour les menacer avant qu'ils ne sortent, une extraordinaire mosaïque est là, pour édifier les fidèles. C'est le Jugement dernier. Il y a six registres de haut en bas :
– Un Christ en croix avec à ses pieds la Vierge et saint Jean. Il saigne d'abondance, preuve de sa nature humaine.
– L'Anastase, ou descente aux Enfers. Jésus tient fermement par la main Adam, le père de l'humanité, tandis qu'Ève s'efface, légèrement en retrait. Le Christ foule aux pieds un diable ridicule, terrassé, vaincu, les instruments de la Passion, et les portes des Enfers. Il a un air terrible. C'est la revanche de la vie sur la mort par la Résurrection. À côté de lui saint Jean Baptiste, vêtu de son manteau en poil de chameau, le désigne aux prophètes, et aux rois David et Salomon. De part et d'autre, deux archanges, vêtus à la mode byzantine, encadrent la scène.

– Le Deisis, c'est le Christ en gloire. Placé dans une mandorle d'où s'échappe un fleuve de feu qui irrigue l'Enfer, le Christ est soutenu par deux anges et encadré par la Vierge et saint Jean Baptiste qui implorent sa mansuétude, alors qu'il leur désigne les plaies de la Passion. De chaque côté, impassibles, les douze apôtres et les anges.

– L'Étimasie, c'est la préparation du trône céleste, par Adam et Ève agenouillés et implorants. Au-dessus, la Croix et les instruments de la Passion. À gauche, la résurrection des morts et des animaux, et, à droite, celle des noyés et des poissons le prouvent : personne ne sera oublié. Un ange enroule la voûte céleste d'où s'échappent quelques étoiles, désormais inutiles, puisque l'on est à la fin des temps.

– La Psychostase ou pesée des âmes. Gabriel, muni de sa balance, pèse l'âme, tandis que des diablotins malicieux tentent de faire pencher la balance de leur côté. À gauche, les élus au-dessus du paradis dont la porte est gardée par saint Pierre, le bon larron et l'archange Michel. Un peu plus loin, la Vierge et Abraham attendent les élus. À droite, ça se gâte. Deux anges vêtus de rouge chassent devant eux les orgueilleux accueillis dans les flammes par les démons. Assis sur un trône, un Lucifer bedonnant tient l'Antéchrist sur ses genoux. En dessous, six autres supplices correspondant aux autres péchés capitaux : les gourmands se rongent les mains, les coléreux croupissent dans l'eau glacée, les yeux des envieux sont mangés par les asticots, les avares ont la tête tranchée, et l'on a arraché crânes, mains et pieds aux paresseux.

Ce Jugement dernier, l'un des plus beaux exemples de l'enseignement chrétien à des populations illettrées, mais qui savaient parfaitement assimiler le message illustré. Gageons qu'en passant sous la porte les pécheurs devaient courber l'échine en frissonnant.

Reprenons notre bateau vers **Burano** (du nom de la bise étésienne, *bora*). Tu peux voir la navette qui arrive et qui est le seul lien quotidien entre Torcello et Burano.

Hors saison le village est délicieux, avec ses petites maisons bario-lées, le long des petits canaux. Les maisons de poupées, modestes, sont toutes peintes de couleurs vives et les assortiments sont parfois étonnants. On dit que cette coutume provient à la fois de l'épais-seur du brouillard, et de l'illettrisme des habitants qui se repéraient à la couleur et non aux noms de rues ou aux numéros...
Torcello, c'est le royaume de la dentelle. Parions qu'elle aussi provient de pays étrangers ?

L'église, **San Martino Vescovo** est consacrée à saint Martin de Tours (celui-là même qui n'offrit qu'une moitié de sa toge à un pauvre hère, parce que l'autre moitié était propriété de l'armée romaine...). Elle vaut pour une superbe Crucifixion de Tiepolo, œuvre de jeunesse, d'une extraordinaire tension dramatique. Le Christ semble parler à saint Jean, tandis qu'à ses pieds le groupe des trois femmes est dans un total désespoir. Le mauvais larron se tord, tandis que le bon attend son supplice avec calme. Le ciel s'obscurcit, le vent se lève, comme dans les Écritures. À droite, un bonhomme énigmatique et ventripotent observe la scène sans émotion apparente, préfiguration des Orientaux, tandis qu'à gauche la figure du donateur nous regarde malicieusement.
Au fond, trois magnifiques toiles récemment restaurées de Giovanni Mansuetti (*Fuite en Égypte, Adoration des mages, Épousailles de la Vierge*). À droite de l'église, une petite chapelle toute simple renferme les restes, authentiques, bien entendu, de sainte Barbe.

Avant d'aller déjeuner, je te propose une jolie balade apéritive sur les quais, en direction de la maison du Professore, Remigio Barbaro, sculpteur récemment disparu, auteur de la sculpture de Baldassare Galuppi. Cet homme vivait en ermite, reclus dans sa maison sur le fronton de laquelle il fit graver ce vers de saint François d'Assise : *Laudato sie mi Signore co tucte le tue creature* (Loué sois-tu, Seigneur, avec toutes tes créatures). En plein milieu du village, la maison du farfelu Bepi (*Via al Gottolo*, 339), entièrement peinte à la manière d'un flamboyant kaléidoscope, jusqu'à l'antenne de télévision.

Tu n'as pas faim ? Moi si ! Tu dois aller au *Gatto Nero* sur un quai tranquille chez le sympathique Rugero dont la cuisine est excellente. Tu peux aussi te rendre chez *Romano*. Voici un bel endroit, façade verte et lettrines rouges. Mais le touriste y est pris pour un pigeon. Dorénavant je l'évite.

Allons derrière l'église, au bord de l'eau. Il y a quelques bancs, divinement bien placés, qui donnent sur San Francesco in Deserto. Et allumons notre cigare. Les volutes de fumée montent vers le ciel comme celles d'un antique sacrifice... Il y a des moments, comme cela, où l'on se surprendrait presque à croire à la Bonté divine. Mais ne rêvons pas trop !

Le taxi nous ramène. L'air fraîchit, le pâle soleil dore les nuages qui se développent dans le ciel, sans menace. L'eau est lisse comme un miroir, et le sillage d'étrave dessine des arabesques calmes. Une halte à **San Francesco in Deserto** n'est pas indispensable. Si le lieu garde de sa magie, avec ses grands jardins silencieux, et Burano en toile de fond, la visite du couvent sous la bonne garde d'un frère n'est guère passionnante...

Comme nous avons un peu d'avance, que le temps est délicieusement mélancolique, je te propose un arrêt rapide à **San Michele**, l'île cimetière créée par Napoléon qui ne voulait plus de caveaux insalubres rattachés aux églises. L'accostage se fait à côté de la ravissante chapelle de Codussi, de style Renaissance primitif.

L'arrivée fait penser au tableau de Boecklin, *Toteninsel*, l'île des morts, que l'on peut admirer à Berlin. De hauts murs compartimentent le vaste espace. Certains quadrilatères sont remplis de tombes pompeuses, mausolées vaniteux, bustes avantageux de personnages totalement oubliés aujourd'hui. Ô vanitas... D'autres sont dans un abandon mélancolique, croix à terre, dalles brisées que le sol semble vouloir engloutir. Va voir le monument de Diaghilev, recouvert de chaussons de danse, reliques-hommages.

Mais, ce jour, le plus beau reste à voir. Dans le contre-jour d'un soleil déclinant, qui diffuse une pâle lumière de novembre à travers les cyprès altiers, paraît un champ de fleurs printanières. Ce sont les bouquets de fleurs fraîches, déposées sur chaque tombe pour la Toussaint par les familles aimantes et fidèles. Immense champ de fleurs, surplombé de l'austère forêt de croix blanches. Au fond, une grille laisse voir la silhouette de Venise, dans le poudroiement de la brume. C'est là qu'arrivent les gondoles funéraires. À Venise, même le dernier voyage se fait sur l'eau de la lagune...

Mort importune !
Quel ange noir de novembre
Dispersera mes cendres
Dans la lagune ?

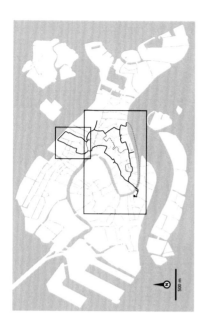

Autour de San Marco, Gesuiti, Santi Giovanni e Paolo, San Zaccaria

N.B. Cette flânerie, un peu longue et très dense, pourra être réalisée en deux ou trois jours afin d'en explorer toutes les variantes. Une césure peut se situer au niveau de l'église **Santi Giovanni e Paolo** d'où il est facile de récupérer le vaporetto du Rialto et de reprendre l'itinéraire du même endroit, un autre jour. Tout dépend de la vitesse à laquelle tu marches.

Tu peux aussi t'éviter le détour des Gesuiti et, depuis l'église des Santissimi Apostoli, rallier directement les Miracoli (**variante 1**).

À partir de l'église Santa Maria Formosa trois possibilités s'offrent à toi :

– Église San Zaccharia et retour en vaporetto (**variante 2**).
– *San Marco* et retour par la *Calle Larga XXII Marzo* (**variante 3**).
– *Calle Paradiso*, église San Zulian pour éviter *San Marco* (**variante 4**).

Aujourd'hui, franchissons la rivière, allons du côté de la meute. Mais rassure-toi, la rive gauche du Grand Canal sait aussi cacher ses jardins secrets. Arrête-toi un instant sur la crête du pont de l'Accademia, vilaine structure de bois, qui sent le provisoire (depuis plus d'un siècle), et qui draine une foule considérable. Depuis ce point culminant (on est au moins à dix mètres d'altitude !), si les photographes t'en laissent le loisir, tu jouis d'une vue admirable sur le Grand Canal, son débouché dans le bassin de Saint-Marc, la Salute, magnifique pièce montée octogonale, les palais de la rive gauche et en particulier le Palazzo Cavalli-Franchetti, de style gothique, remanié au XIXᵉ siècle, qui héberge des expositions temporaires. Paul Morand, dit-on, ne manquait jamais de s'y arrêter quelques instants, avant de prendre son petit noir dans un bistrot à côté du musée.

Un peu plus loin, l'**église San Vidal ❶**, à peine mentionnée dans les guides, est devenue une salle de concert. Elle abrite toutefois quelques chefs-d'œuvre, dont un superbe retable de Carpaccio (portrait équestre de saint Vital), des Piazzetta, et une intéressante Crucifixion d'une de ses élèves, Giulia Lama, femme peintre dont on ne sait à peu près rien (un tableau d'elle à la Ca'Rezzonico, un autre derrière l'autel de Santa Maria Formosa et une *Judith et Holopherne* à l'Accademia).

Le **Campo San Stefano ❷** est une belle place, très animée, où débouchent la *Calle spezier* (épicier) qui mène à la place Saint-Marc (à l'angle il y a un très bon glacier) et la *Calle dei Frati* qui est une des autoroutes piétonnes qui conduisent à la gare. Au milieu, la statue monumentale de Niccolò Tommaseo, fin linguiste vénitien. Entre dans le Palazzo Loredan à gauche, siège de l'Académie des sciences, lettres et art. Dans le hall, tu peux admirer une belle et presque irréelle collection de bustes de Vénitiens célèbres ou oubliés. Ils sont tous là...

À l'angle de la *Calle del Spezier,* on remarque plusieurs traces rondes légèrement creusées dans les dalles de *masegni.* C'est là que l'on posait les lourds mortiers dans lesquels étaient broyés les très nombreux ingrédients nécessaires à la confection d'un électuaire presque magique et polyvalent, la *thériaque* (du grec, bon contre les poisons). Datant de l'Antiquité, la thériaque est composée de plantes, pétales, écorces de plantes diverses, d'opium et de chair de vipère. Elle était reconnue efficace contre les langueurs, la chlorose, les empoisonnements et toutes les affections de longue durée. Venise qui en contrôlait la fabrication, gage de qualité, eut longtemps l'exclusivité de sa fabrication. Après exposition des divers ingrédients au public, friand de voir les vipères encore vivantes, elle était préparée par un personnel spécialisé, les *triacanti,* vêtus d'une redingote blanche, d'un pantalon rouge, de chaussures jaunes, et coiffés d'un béret bleu bordé de jaune, surmonté d'une plume. Pendant le travail, en alternance avec les coups de pilon, ils s'encourageaient en chantant : *per veleni, per flati ed altri mali, la triaca gh'a el primo in sti canali !* Pour les venins, la flatulence et autres maux, la thériaque est ce qu'il y a de mieux dans ces canaux !

N'oublions pas l'**église San Stefano ❸**. Juste en face, un petit mascaron d'environ trente centimètres de côté représente le martyre de saint Étienne en train de se faire lapider ; les deux boules placées de part et d'autre de sa tête et qui lui donnent une allure de Mickey, sont en réalité deux pierres qui le blessent. Le portail de briques et de pierres blanches est magnifique (Bartolomeo Bon, XVe).

La nef est ample, solennelle, superbe, recouverte d'un chef-d'œuvre de charpente. Le cinquième autel à gauche est dédié aux calfatiers, ces hommes qui étanchaient les coques de navire en bourrant les joints d'étoupe (fibres de lin ou de chanvre) qu'ils recouvraient ensuite de brai (goudron de pétrole). Si tu aimes la musique, arrête-toi un instant sur la tombe de Gabrieli (1er autel à gauche).

La sacristie renferme plusieurs trésors, une admirable *Cène* du Tintoret, un *Christ au Mont des Oliviers* et un *Lavement des*

pieds du même, un extraordinaire Christ en bois blond, cru-
cifié à même le montant des stalles.

Si la porte du fond est ouverte, n'hésite pas à entrer dans une sorte
de cour entourée de sculptures gothiques d'origine alsacienne, et
de beaux marbres immaculés des Lombardo, saint Nicolas de Bari,
saint Nicolas Tolentino, saint André et saint Jérôme. Au fond, un
buste ravissant de Tullio Lombardo (saint Jean ?).

En ressortant de l'église, remarque à gauche de la *Calle Pestrin*
une place curieusement surélevée, le *Campo dei Morti*. C'était
un cimetière, aujourd'hui entièrement dallé.

Sur le **Campo San Angelo** passe sous le porche, à droite, orné
d'un beau tympan en marbre polychrome (saint Augustin et
les moines en prière) et entre dans les deux anciens cloîtres
de l'église San Stefano, décorés de tombeaux et de vanités.
C'est aujourd'hui une administration fiscale. Par une fenêtre,
juste avant le deuxième cloître, tu pourras voir comment
l'église a été prolongée en enjambant un *rio*. Dans le premier
cloître, un artiste a transformé les canalisations d'évacuation
des gouttières en gargouilles.

Un peu plus loin à droite, sur le campo, une plaque apposée sur
la façade du Palazzo Duodo rappelle que Cimarosa y mourut.
Retourne-toi, et regarde le campanile de San Stefano dange-
reusement incliné !

Après la place, tu peux prendre la première ruelle à gauche
et faire le détour par le **Palazzo Fortuny** ❹, vieille chose très
décatie constamment en réparation et ouverte pendant la
Biennale. Il abrite des collections disparates, des expositions
temporaires, des peintures de ce Catalan génial, maître en
tissus raffinés. Monte au dernier étage ; de là tu jouiras d'une
vue fabuleuse sur les toits de Venise.

À côté de là, la petite église **San Luca**, à la façade de temple grec, renferme un Véronèse oublié (*La Vierge apparaît à Saint Luc en train de rédiger son Évangile*) et, surtout, la dépouille mortelle de l'Arétin aujourd'hui disparue...

Sur la **place Manin** ❺ trône l'énorme statue de bronze de l'éphémère héros de l'Indépendance, Daniele Manin, juif converti, et qui, ironie du sort, porte le nom du dernier doge de Venise. Au fond de la place un affreux immeuble prétendument moderne, une banque, bien sûr, remplace ce qui fut jadis l'atelier du génial Manuce (voir *Glossaire curieux de Venise* : chapitres *Indipendenza* et *Manuzio*). On se pince pour s'assurer qu'on ne fait pas un cauchemar. Comment a-t-on pu commettre une barbarie pareille ? D'ailleurs, une plaque de marbre dans le sol, véritable stèle funéraire, près de la statue, atteste la félonie. On découvre aussi que, en lieu et place de l'affreux groupe de bronze, il y avait une église, San Paternian.

Un peu plus loin, c'est l'**église San Salvador** ❻ (voir sur le mur à gauche des escaliers, un boulet de canon incrusté et *miraculeux* qui date de l'attaque autrichienne de 1849).
Plusieurs œuvres nous y attendent : un prétendu Carpaccio, trop rutilant pour ne pas être faux (étonnant, la brochure de l'église reste dans le flou !), une *Annonciation* du Titien et, au-dessus du maître-autel, une *Transfiguration* du même qui sert de cache à un splendide retable en argent, visible uniquement le jour de la fête de la Transfiguration le 6 août.
Dans une chapelle de gauche, un très suggestif saint Sébastien de marbre est voluptueusement attaché à un pilier. On comprend qu'à la fin l'Église se soit montrée réticente devant la lascivité des modèles...
Si la porte de la sacristie est ouverte, entre. Ou, mieux, demande la permission au sympathique bedeau. Le haut des murs de cette

petite pièce est entièrement recouvert de fresques représentant des oiseaux, des arbustes et des nids. On se croirait dans le Palais Grimani. Une inscription en latin atteste la date (1458) et nomme le dédicataire, Antonio Contarini, un ancien patriarche de Venise. Sur le mur de gauche remarque le pathétique *Ecce homo* en bois.

Dans l'église est enterrée Catherine Cornaro, vénitienne, ancienne reine de Chypre par son mariage avec Jacques II de Lusignan, prématurément décédé (mais opportunément pour la Sérénissime !), et qui abdiqua en faveur des Vénitiens, suivant ainsi un habile contrat que sa terre natale lui avait fait signer.

À la droite de l'église, tu peux te promener dans deux cloîtres immaculés, de Sansovino, récemment restaurés ; la margelle du puits (*vera*) est superbe.

Sur la place admire la belle façade classique de la Scuola Grande San Teodoro, où tu peux acheter un très intéressant livre – en italien – sur les scuole. On ne peut théoriquement y entrer que les soirs de concert.

Juste avant le *Campo San Bartolomeo*, prends à droite la *Calle dei Stagneri* (ferblantiers), qui te conduit deux minutes plus tard à la jolie **église Santa Maria della Fava** ❼ (ou Santa Maria della Consolazione). La nef unique est bordée de chapelles qui toutes renferment le corps d'un saint au nom exotique. Dans la première chapelle à droite se trouve un Tiepolo oublié, belle toile qui représente l'*Éducation de la Vierge*, dans laquelle le génie du maître s'exprime parfaitement, composition, couleurs, mouvement, exceptionnel dessin.
Prends ensuite la minuscule ruelle en chicane qui contourne l'église par la gauche et tu te retrouves aussitôt sur le **Campo**

San Lio ❽, où se trouve l'église dédiée au bon pape Léon IX. Celle-ci vaut surtout pour sa chapelle de droite, sculptée par Tullio Lombardo. Le dôme est splendide, orné de délicates arcatures qui parlent du Père Éternel et du tétramorphe doré. Sur la pierre tombale figure une superbe Pietà.

À droite de l'entrée, une Vierge dite de Lorette, son enfant dans les bras, est assise sur son palanquin, et attend vraisemblablement la prochaine procession...

La place est jolie. Tu peux prendre un petit café *all'Olandese Volante*. Au bout de la *Calle Carminati*, juste avant le canal, se trouve un petit édifice charmant, siège de l'association des artisans vénitiens. Au-dessus, sur un mur, une curieuse patère figure un animal étrange, ricanant dans les flammes. Dragon, dromadaire, chimère ? Poursuis ton chemin, prends à gauche et te voilà au théâtre Malibran, charmante salle de concert et d'opéra, décorée dans les années trente, ainsi nommé en l'honneur de la Malibran, cantatrice française.

On passe ensuite devant l'église **San Giovanni Grisostomo** ❾ (voir itinéraire Rialto). Plus loin, enfin, juste après être passé devant l'ex-Scuola *Del l'Angelo custode*, aujourd'hui église luthérienne allemande, tu arrives enfin à l'**église dei Santissimi Apostoli** ❿, célèbre pour une communion de sainte Lucie, avec ses yeux dans une coupelle (des yeux au plat !) de l'admirable Tiepolo. Dans la chapelle à droite du chœur (*Récolte de la manne* par Véronèse) un *Saint Sébastien* de Lombardo et un Christ sur sa croix, presque pendu par les bras. On y donne de beaux concerts d'orgue.

Variante 1 : tu peux rejoindre directement l'église des Miracoli après être revenu sur tes pas et avoir pris à gauche la Salizzada San Canciano.

Extrayons-nous enfin du torrent humain pour aller plein nord, *Calle del Pistor*, deuxième à droite, la *Calle larga dei Proverbi* (rue des proverbes !), puis à gauche *Calle degli Santissimi Apostoli*, deux petits canaux à franchir et nous voici aux **Gesuiti** ⓫. Nous avons retrouvé le calme.

L'église correspond bien à cet ordre élitiste qui sut se faire tant d'ennemis au point d'être persécuté, interdit, avant de renaître. La façade baroque, entièrement revêtue de marbre blanc, est ornée d'une Assomption.

L'intérieur est saisissant : entièrement revêtu de marbre vert et blanc avec de somptueux effets de draperies, au niveau de la chaire notamment. Dans la première chapelle à gauche un somptueux *Saint Laurent sur le gril* de Titien qui vient d'être restauré. C'est une œuvre de la fin de sa vie, obscure, terrible, peinte à grands coups de pinceau, et reprise à main nue. Devant une architecture austère, mal éclairée par le haut, saint Laurent est allongé sur son gril, en dessous duquel les braises émettent une lumière rougeoyante et crépusculaire.

La sacristie renferme plusieurs toiles de Palma le Jeune.

Iñigo (Ignace) Lopez de Loyola (1491-1556) est né dans une famille de petite noblesse basque espagnole. Tôt orphelin de mère, il est placé par son père à la cour de Ferdinand d'Aragon, où il va s'adonner aux mondanités et à l'exercice des armes. Entré dans l'armée, il participe au siège de Pampelune, où il sera sévèrement blessé à une jambe qui restera définitivement plus courte de plusieurs centimètres. Pendant sa convalescence, il lit une *Vie de Jésus* et la *Légende dorée*. La Vierge lui apparaît et il ne songe plus alors qu'à mener une vie d'ermite, et à consacrer sa vie à la conversion des « Infidèles ». Il quitte sa maison en 1522 et part, en route pour Barcelone, au monastère de Montserrat, où il vit dans des cabanes aux alentours, puis à Manresa, dans une grotte. Il y rédige ses fameux *Exercices spirituels*. Il s'embarque depuis Barcelone, via Rome et Venise, au cours d'un voyage très mouvementé, vers la Terre sainte, où il ne restera que trois semaines... De retour en Espagne il décide de faire des études, à Salamanque puis à Paris, où il survit dans des conditions misérables. Il assiste à la polémique entre Érasme et Luther. Des compagnons se joignent à lui, au nombre de sept, dont Pierre Favre et François Xavier. Ils formulent le fameux « vœu de Montmartre ».

Après un court passage en Espagne, il retourne en Italie, passe à Venise où il sera ordonné prêtre en 1537, et rejoint Rome. Paul III Farnèse, tout juste remis du sac de Rome, voit tout le parti qu'il peut tirer de ces hommes, rigoureux, réformateurs, savants. La Compagnie de Jésus va naître, la règle est approuvée en 1540. Ignace est nommé premier supérieur général des jésuites. Il meurt à Rome où il est enterré au Gesù, en 1556.

Après leur longue disgrâce, le premier pape jésuite de l'histoire est élu en 2013, qui prend le nom de François. Tout un symbole...

Dehors se trouve l'oratoire des Crociferi, ouvert pendant la haute saison et sur rendez-vous. Belle collection de tableaux de Palma le Jeune.

Et puis nous arrivons aux *Fondamente Nuove*, les quais nouveaux, d'où partent les vaporetti pour les îles du nord. La balade est magnifique, avec vue imprenable sur Murano et l'île de San Michele. Au loin, par temps très clair, se dessinent les Alpes enneigées, si proches. Petit arrêt pour humer l'air et ses senteurs de haute mer. Sur le quai tu peux déjeuner au restaurant Algiubagio (n° 5039), magnifiquement situé. L'addition s'en ressent.

Au niveau du restaurant prends la *Calle del Fumo* puis la *Calle Widmann* (noble famille vénitienne), et tu débouches dans le quartier de l'admirable **église Santa Maria dei *Miracoli* ⓬**.

Cette toute petite église de marbre gris polychrome, posée sur l'eau du canal (on croirait qu'elle l'enjambe), a la forme d'une boîte à bijoux. C'est le chef-d'œuvre de Pietro Lombardo (1481-1490).

L'extérieur, très sobre, est entièrement recouvert de marbre veiné, incrusté de médaillons de marbre vert et rouge. La façade est divisée en trois niveaux. La base est ornée de quatre plaques de marbre ocre, marquées d'un motif cruciforme entourant le portail. À l'étage supérieur, deux vitraux encadrés par trois plaques à cabochons. Au sommet, un fronton en demi-cercle percé de trois oculi et d'une rosace.

L'intérieur, jamais remanié, n'a pas succombé à la mode de la baroquisation. Il n'y a rien à l'intérieur qu'un escalier de marbre, abrupt, qui mène à l'autel bordé par une délicate tribune due à Tullio Lombardo. Une icône toute simple orne l'autel. Les murs sont faits de grandes plaques de marbre blanc veiné de gris, appareillées deux à deux, incrustées de médaillons de porphyre, dévoilant des formes abstraites qui incitent à la méditation comme les jardins japonais. Le splendide plafond est à caissons dorés représentant saints, prophètes et patriarches. *Miracoli* la bien-nommée, miracle de délicatesse.

Arrête-toi sur le *Campo Santa Maria Nova*, prends le temps d'un rafraîchissement, entre chez le sympathique libraire qui sait tout sur Venise. À quelques mètres de là, sur la façade du palais Bembo, tu peux voir un autre *homo silvanus*, l'homme d'avant Adam.

Et puis en route pour Zanipolo (Santi Giovanni e Paolo).
Une fois franchi le petit pont qui enjambe le *Rio dei Mendicanti*, nous débouchons sur un vaste campo où jouent des enfants bruyants. La statue équestre, chef-d'œuvre de l'irascible Verrocchio, qui se fit mal voir de la Sérénissime, et qui fut fondue dans le Cannaregio (*Corte del Cavallo*), représente l'intraitable **Colleoni** ⓭, mercenaire qui défendit alternativement et avec une égale bravoure Génois et Vénitiens, ennemis jurés, et dont l'admirable tombeau se trouve à côté de celui de sa fille à

Bergamo. Avec son arrogance de *condottiere*, il exigea que cette statue fût placée rien de moins qu'au milieu de la place Saint-Marc ! Mais, une fois qu'il fut défunté, le Maggior Consiglio érigea la statue devant la Scuola de San Marco (aujourd'hui *ospedale civico*). Simple erreur sur un mot, scuola au lieu de piazza ! J'adore voir les mouettes effrontées se poser sur le casque du farouche Colleoni, avec son menton volontaire qui le fait ressembler à Benito !

Juste à côté, vois la splendide margelle de puits de Sansovino avec sa ronde de *putti* et ses cornes d'abondance. L'inscription à son pied est un vers de Claudien : *mira silex mirusque latex qui flumina vincit*, merveilleuse pierre, et fontaine merveilleuse qui surpasse les fleuves.

La façade de la **Scuola di San Marco** ⓭ est de Lombardo. C'est une merveille d'élégance. Elle est divisée en trois ordres : L'inférieur, dans lequel s'ouvrent le porche monumental et une petite porte à droite, est sumonté par un entablement décoré d'hippogriffes en opposition, qui repose sur de fausses colonnes corinthiennes. L'entrée principale est encadrée par deux fausses portes en arcade qui semblent gardées par un lion. L'entrée accessoire à droite est encadrée, elle, par deux architectures à colonnades. C'est la porte de la pharmacie. De part et d'autre, deux bas-reliefs représentent la guérison et le baptême de saint Anianus.
Le moyen est percé de quatre vastes fenêtres qui éclairent la Scuola. Le supérieur est formé de six arches, dont la plus haute abrite un lion.

L'ensemble représente la juxtaposition de deux façades distinctes, celle de gauche, monumentale, qui correspond au porche d'entrée, et celle de droite, plus basse, qui masque la bibliothèque.

Longtemps laissée dans un état d'abandon mélancolique, la *scuola* vient d'être merveilleusement rénovée et ouverte au public. Derrière le porche d'entrée, une fois passé le poste de garde, on débouche sur la majestueuse *sala terrena*, dont les deux puissantes architraves longitudinales sont soutenues par deux rangées de cinq colonnes à chapiteau corinthien, posées sur des piédestaux délicatement ouvragés. Le somptueux portail d'accès de Codussi mène à un escalier.

Parvenu au sommet, tu débouches dans la vaste salle capitulaire dont le plafond de bois doré attire l'attention. Au centre, un lion en gloire, évangile ouvert, est entouré des symboles de quatre autres *scuole* : Carità, Misericordia, San Giovanni Evangelista, San Rocco. Aux murs des toiles... on n'ose pas dire médiocres, remplacent le cycle de la *Découverte de saint Marc*, déposées au musée de l'Accademia et au musée Brera à Milan, après la catastrophe de 1797.

On a eu la bonne idée de disposer sur les parois de l'*albergo* les copies photographiques des toiles d'origine : *Épisode de la vie de Saint Marc* (Mansuetti), *Martyre de Saint Marc* (Bellini et Carpaccio), la *Bourrasque infernale* (Palma Vecchio), la *Remise de l'anneau au Doge* (Paris Bordone), toutes à l'Accademia, et la *Prédication de Saint Marc à Alexandrie* (Gentile et Giovanni Bellini) sur une place Saint-Marc orientalisée, qui se trouve à Milan.

Promène-toi si le cœur t'en dit dans les cours de cet hôpital, anciens cloîtres en enfilade, modernisé à grands frais, mais qui se dépeuple inexorablement pour les hôpitaux de Mestre. Va voir, en particulier, le garage d'eau où arrivent, toutes sirènes hurlantes, les bateaux ambulances.

Entre dans l'église **Santi Giovanni e Paolo** ⓯, Zanipolo disent les familiers et zézayants Vénitiens. C'est immense et imposant, un peu glacial même, sorte de panthéon vénitien, mausolée des doges, qui reposent dans des tombeaux suspendus, œuvres des

Lombardo pour beaucoup. À droite en entrant, recueille-toi devant l'autel funéraire du vaillant Bragadin, gouverneur de Chypre, qui, malgré une défense héroïque, fut défait par les Turcs, qui l'écorchèrent vif, et envoyèrent sa peau, remplie de paille, à Venise. Une toile au-dessus représente la scène. Plus loin et toujours à droite, un superbe polyptyque de Bellini et, dans le transept droit, un Vivarini et un Cima. Dans la chapelle de la Crucifixion, une belle vanité, jeune femme de marbre qui, dans son miroir, contemple son crâne de bronze. La chapelle du rosaire, encore appelée chapelle de Lépante, renferme des œuvres remarquables du Véronèse (*Adoration des bergers, Assomption, Annonciation...*). Si tu peux, fais le tour du maître-autel par l'arrière. Tu y verras, cachés, de magnifiques bas-reliefs en marbre de Carrare. Ils représentent la vie du Christ. Sur l'un d'eux, on voit un homme porteur de lunettes... Reste la sacristie et un austère Vivarini.

Enfilons la *Salizzada Giovanni e Paolo*, et là, presque en face de l'Ospedaletto et sa façade de monstres grotesques dus au ciseau de Giusto Lecourt, se trouve la fameuse **librairie française** ⓰, tenue de main de maître par Dominique Pinchi, originaire de Moselle. Tout ce qui concerne Venise s'y trouve, même un San Antonio oublié, qu'il a fait rééditer, *Remets ton slip, gondolier !* Dominique connaît tout sur Venise. C'est aussi un artiste qui réalise des œuvres puissantes en pierre de lave. Il fait des recherches sur Giorgione. Si tu as un moment, rends-lui visite, et fais l'acquisition des ouvrages que tu ne trouveras pas en France.

En sortant à gauche de chez Dominique, prends la deuxième ruelle sur ta gauche. À quelques mètres de là, sur la *Fondamenta Felzi*, tu peux apercevoir une très jolie cour comme il n'en reste plus beaucoup, avec son puits et son escalier, la **corte Botera**. Tout y est d'origine, le puits de porphyre, l'escalier protégé par une galerie de bois, les barbacanes, le pavement de briques à l'ancienne, la façade gothique, l'altana, le passage qui mène au petit canal. Prends ensuite la *Calle Bragadin* qui te mènera dans la *Calle lunga di Santa Maria Formosa*, où t'attend une autre librairie pluridisciplinaire, l'Acqua Alta, où Luigi Frizzo, le propriétaire, prévoyant et à plusieurs reprises victime de l'eau, a placé tous ses ouvrages dans des barques, des baignoires et des gondoles. On y trouve de tout, dans un aimable désordre, en particulier l'excellent et constamment réédité *Meurtre à Venise*. Le patron recueille tous les chats errants du quartier et distribue des préservatifs à l'effigie du lion de Saint-Marc qui rend hommage à une magnifique lionne.

En sortant à droite tu débouches sur un *campo* sur lequel se dresse, de guingois, **Santa Maria Formosa** ⓱, qui renferme, elle aussi, de nombreux chefs-d'œuvre : imposant retable de Palma Vecchio (*Sainte Barbe* avec son faux air de statue de la Liberté), infiniment plus intéressant que son fils, et Bartolomeo Vivarini (le triptyque de la *Miséricorde*). Derrière l'autel, un grand et mystérieux tableau de Giulia Lama (*La Vierge et les saints Marc et Magne*). À l'extérieur, derrière l'église, va voir le plus grotesque mascaron de Venise, grosse tête d'ahuri, bouche lippue et baveuse, œil fermé par un lipome ! Sur la place, un bar accueillant permet de prendre un peu de repos en lisant le journal.

Si tu as le temps, tu peux aller visiter la collection **Querini Stampalia** (Palma Vecchio, Tiepolo, Bellini, et surtout les scènes de la vie quotidienne dans la Venise du XVIIIᵉ siècle par Pietro Longhi et Gabriele Bella).

Pour rentrer, trois options s'offrent à toi, la plus reposante par San Zaccaria et le vaporetto (**variante 2**), la plus classique, par la Piazza San-Marco (**variante 3**), la plus cachée, par la *Calle Paradiso*, l'église San Zulian et le théâtre de la Fenice (**variante 4**).

Variante 2 : retour par San Zaccaria et le vaporetto.

En prenant la *ruga Giuffa* et la *ruga San Provolo*, tu vas passer juste à côté du **Palazzo Grimani ⓲,** caché au fond d'une étroite impasse, récemment restauré, magnifique palais vénitien ayant appartenu à un doge féru d'art, où se tiennent aujourd'hui de très belles expositions temporaires (superbe salon orné de fresques représentant un délicieux fouillis végétal dans lequel se cachent des animaux familiers).

Quelques centaines de mètres plus loin, et tu vas déboucher sur une autre splendeur vénitienne, l'**église San Zaccaria ⓳**. La façade de style lombard, parfaitement symétrique, est de Codussi. C'est une merveille de grâce et d'équilibre, immaculée. Elle est marquée par des pilastres de section carrée qui correspondent à la division interne de la nef. Elle est à six niveaux. Le premier est constitué de plaques de marbre rose, dans lesquelles sont incrustés quatre portraits de prophètes. Les deux niveaux supérieurs sont percés de fenêtres symétriques. Pour couronner le tout, un fronton semi- circulaire, flanqué de deux contreforts curvilignes. Au-dessus du portail, une statue de Zacharie, le père de saint Jean Baptiste.

Entrons. L'église est vaste, recouverte de tableaux qui masquent la moindre parcelle de mur. Ils sont dans l'ensemble de qualité médiocre, mais à gauche t'attend la merveille des merveilles, une *Sacra Conversazione* de Giovanni Bellini qu'il peignit à la fin de sa vie, il avait près de quatre-vingts ans.

C'est un tableau immense de cinq mètres de haut, qui a été amputé en haut et en bas pour entrer dans ce cadre de marbre auquel il n'était pas initialement destiné. L'effet de trompe-l'œil entre les colonnes de marbre et celles peintes par Bellini, la reproduction des chapiteaux, et des arcs de marbre blanc, sont saisissant. On est dans un espace ouvert, éclairé par la gauche. La Vierge sur son trône tient l'Enfant qui esquisse une bénédiction de la main droite. À ses pieds, saint Pierre, méditatif, sainte Catherine et sa roue, sainte Lucie et saint Jérôme, dont le visage de vieux sage est mangé par la barbe et la pénombre. Un jeune ange joue du violon. De l'abside dorée et mosaïquée, au-dessus de la Vierge, pend une lampe typiquement vénitienne. Au-dessus du trône, un masque de marbre, le roi David. De part et d'autre du retable, une ouverture laisse entrevoir un paysage, avec deux arbres et des nuages floconneux.

Giovanni Bellini (1430?-1516), fils de Jacopo, frère de Gentile, beau-frère de Mantegna, est un peintre officiel en cette fin de siècle. Élève de son beau-frère qui lui enseigne la rigueur du dessin, influencé par Antonello da Messina qui a appris la peinture à l'huile en Flandres, il a excellé dans ces compositions empreintes d'une grande douceur, marquées par une belle lumière, des coloris délicats, des compositions soignées, où s'exprime une grande sérénité, surtout vers la fin de sa longue vie. Il est l'auteur de dizaines de madones impassibles et statiques. C'est un peintre du silence et de la méditation. Avec lui s'achève une époque, le Gothique avec ses fonds dorés et ses images hiératiques et froides, et s'ouvre la suivante, la Renaissance, ses perspectives et ses paysages. Il manque le mouvement et les sentiments. Titien qui ouvrira la suivante, et qui fut son élève, disait de sa peinture qu'elle était sèche, crue et besogneuse (rapporté par Vasari).

Dirigeons-nous vers la sacristie où nous nous acquittons d'un modeste droit d'entrée auprès de Sandro, le sympathique et francophone bedeau (*salve, Sandro !*). Le Tintoret, Tiepolo, Palma Vecchio... Mais l'éblouissement c'est pour la *chapelle d'or*, récemment rénovée, trois superbes cadres dorés, de style gothique, sculptés par Ludovico da Forlí, mettent en valeur les peintures d'Antonio Vivarini (polyptyque de la Vierge, de sainte Sabine et la Résurrection). Les escaliers descendent vers une crypte, presque toujours inondée, exceptionnelle à Venise. Impression de catacombes, ou de cachot humide…

Si tu es saturé, tu peux rentrer directement avec le vaporetto tout proche (*riva dei Schiavoni*).

Variante 3 : retour par la Piazza San Marco et la *Calle Larga del XXII Marzo*.

Au départ de San Zaccaria, cet itinéraire va te faire affronter la foule sur toute sa longueur.

Reprends sous le magnifique porche d'entrée la *Salizzada San Provolo*. À gauche, entre deux magasins (n° 4278), gardée par une petite grille toujours ouverte, se trouve la *Corte del Rosario*, avec une curieuse sculpture de dragon dont la queue se termine en serpent.

Un peu plus loin, sur ta gauche, juste avant de franchir un canal, entre dans le Musée diocésain d'art sacré, sans grand intérêt en lui-même. Mais le lieu est magique, exceptionnel à Venise. Tu vas pouvoir te promener dans le **cloître Sant'Apollonia** [20], du XIIe siècle, bordé de colonnes simples sur les petits côtés, géminées sur les plus grands, dernier cloître roman de ce type dans la Sérénissime, pavé de briques à *spina di pesce* (chevrons) au centre, à *canestre* (cannages) dans le déambulatoire. Au centre, un joli puits et partout le calme, inattendu alors qu'on est à moins de cent mètres de la place Saint-Marc !

En sortant et juste après avoir enjambé le pont *della Canonica*, sans en descendre, une grosse porte intimidante t'attend. Pousse-la, elle s'ouvre. Un petit panneau indique qu'il est interdit d'entrer. Persiste. Tu débouches alors sur une petite merveille cachée, la porte d'entrée de derrière de la basilique, réservée aux prêtres, qui donne sur une petite cour, devant l'antique église, San Todaro, aujourd'hui désaffectée. Sur le mur, de soutènement, d'innombrables patères d'époques diverses. Dépêche-toi de regarder car, au bout de deux minutes, un gardien furibard surgit et t'enjoint de déguerpir ! Au fond, une autre porte permet d'accéder directement dans le cœur de la Basilique. Celle-là, je te la déconseille car elle est sévèrement gardée !

Quand je passe devant le **Florian ㉑**, et son orchestre de crin-crins, j'aimerais tant m'asseoir dans le salon du Chinois, commander un chocolat chaud, dans lequel je tremperais des *baicoli* (biscuits vénitiens), et écouter les conversations raffinées de mes voisins de table, Casanova, Goldoni, Byron, Chateaubriand, Proust... Ils sont tous venus ici !

Le café Florian se compose de plusieurs petites salles contiguës, diversement déco-rées et qui ont des airs de salons. De ces salons, il en est un que j'affectionnai particulièrement. Les murs en sont ornés de glaces et de peintures sur papier mises sous verre, pour les protéger de la fumée et des dégradations... Deux de ces figures, entre autres, m'amusaient : un Turc à turban et un Chinois avec sa natte. C'était sous le Chinois que je prenais place plus volontiers, sur la banquette de velours rouge, devant une de ces rondes tables de marbre, dont le plateau tourne sur le pied unique qui le supporte (Henri de RÉGNIER).

Rentrons. Tu peux emprunter la **Calle Larga del XXII Marzo** où s'alignent les boutiques de grand luxe, les galeries de tableaux, les antiquaires. On se croirait n'importe où. On croise de nombreux touristes affairés, femmes croulant sous les sacs de marque, Africains vendeurs de faux bien imités et que la police fataliste et dépassée ne chasse même plus. Une seule vitrine mérite que l'on s'y arrête (n° 1295), celle de la bijouterie Codognato, fondée en 1866, créateur de bijoux-vanités, superbes de mauvais goût !

Tout près de là, fais une pause à l'Hôtel **Monaco e Grand Canal** ❷, superbe palace très cher et admirablement placé en face de la Salute. Une boisson sur la terrasse ne te ruinera pas. Et puis tu pourras profiter d'être là pour visiter, à l'étage, le somptueux *ridotto*, ancien lieu de plaisirs, magnifiquement restauré.

Arrêtons-nous quelques instants devant la façade délirante de **San Moisè** et ses dromadaires à têtes d'extra-terrestres, devant celle de l'église **Santa Maria del Giglio** (lys) et son exubérante façade baroque à la gloire des Barbaro, et ses cartes reliefs, témoins des victoires de Venise en Candie. Elle possède, à côté de quelques reliques (voile de la Vierge, fragment de crâne de saint Jacques Apôtre !), un vilain Rubens (*Vierge à l'Enfant*, disproportionné), mais surtout, dans la sacristie, une ahurissante Marie Madeleine, dépoitraillée, au pied de la Croix. Et quatre évangélistes du Tintoret sur les guichets d'orgues.

Fais le détour par la **Fenice** ❷, le phénix bien-nommé. Ce joli théâtre donne sur la place San Fantin bordée par l'église et la Scuola San Fantin, victime à plusieurs reprises d'incendies dévastateurs. Le dernier (1996) la ravagea entièrement, parce que les canaux à l'entour, qui auraient facilité le transport des pompiers, étaient asséchés pour réparation !

Variante 4 : retour par la *Calle Paradiso*, église San Zulian, *ridotto* de l'Alliance française, église Arménienne.

Tu peux aussi rentrer par un itinéraire plus secret, et beaucoup moins fréquenté. Derrière l'église Santa Maria in Bragora, emprunte la **Calle Paradiso** ❷ qui s'ouvre sous une belle Vierge de Charité et qui comporte une belle double rangée de barbacanes (arrête-toi au n° 5763 à la librairie Filippi). Au bout, prends à gauche la *Salizzada San Lio*, puis la deuxième à droite (*Calle*

Casellaria), franchis un pont et tu te retrouves à l'**église San Zulian** ㉕. Elle n'a pas d'autre intérêt que la statue en bronze, située au-dessus du porche, du célèbre Tommaso Rangone.

Ce fumeux charlatan, originaire de Ravenne (1493-1577), avait fait fortune avec un remède naturel, de son invention, contre la syphilis. C'était un adepte des théories hermétiques. Il avait une très haute idée de sa personne, et organisa ses funérailles de manière que son cercueil fît le tour de la ville, avant d'être déposé dans l'église dont il avait financé la réfection. Son corps devait gésir au milieu de livres scientifiques et philosophiques ouverts à la bonne page. Il finança la réalisation par le Tintoret du Cycle de saint Marc, destiné initialement à la Scuola di San Marco, *La Découverte du corps de saint Marc*, *Le Transport du corps*, *Le Miracle du Sarrasin*, trois toiles superbes dans lesquelles Tommaso Rangone s'est fait figurer en bonne place. C'est lui qui découvre le corps, c'est lui qui soutient la tête à l'instar de Joseph d'Arimathie, c'est lui qui prête une main secourable au Sarrasin qui se noie !

Sur le flanc gauche de l'église et au bout de la petite place, engage-toi sous le *Sottoportego Lucatello* qui te conduit à la jolie cour du même nom et bientôt tu débouches devant le siège de l'**Alliance française** ㉖. Sonne, on t'ouvrira. Monte le roide escalier. On te fera visiter l'un des plus jolis *ridotti* qui soient, trois délicieux salons aux séduisants dallages de marbre polychrome. Fais-toi montrer un petit cabochon escamotable qui ouvre sur un judas vertical, permettant de voir qui frappe en bas ! C'était le coin secret du procurateur Venier, mais c'est sa femme Elena Priuli qui était la véritable maîtresse des lieux.

Retraverse le rio par la *Calle San Ziulian* ou la *Calle dei Pignoli*, et prends à droite la *Calle Fubera*. Après avoir franchi un petit canal, la première ruelle à droite te mène au *Sottoportego degli*

Armeni, au beau milieu duquel se cache l'entrée de l'**église Santa Croce degli Armeni** ❷❼ marquée par des inscriptions mystérieuses. On y dit la messe le dernier dimanche du mois à 10 h 30, devant une poignée de fidèles. Le prêtre vient de l'île San Lazzaro. Chaussés de pantoufles, lui et ses acolytes célèbrent une messe des anciens temps, agrémentée de sons de clochettes, de bougies allumées et de chants rugueux. Prends à gauche le *Rio Terrà delle Colonne*, puis la *Calle dei Fabbri* à droite, et, tout de suite à droite encore, l'étroite ruelle *Grigolini*, qui ménage une jolie vue, inattendue, sur le campanile de l'église des Arméniens. Arrivé dans la cour, tu découvres le plus joli puits de Venise, sculpté en forme de panier d'osier tressé. En revenant sur tes pas, prends la ruelle en face *(Calle delle Strazze)*. Au bout, un vieux palais tout décrépi est couvert de patères. Pour rentrer tu as deux possibilités, prendre la *Calle Fabbri* au plus court par la Piazza, ou rejoindre la Fenice par la *Calle Barcaroli*.

Mais voici bientôt le *Campo San Stefano*, et l'Accademia. Un dernier effort, et tu es arrivé. Curieux comme, certains soirs, l'ascension de ce pont est rude !

Venezia

Pensione
Accademia

Giudecca

S.Elena

Lido

Laguna
Veneta

Alberoni

Mer Adriatique

Laguna
Veneta

Pellestrina

N

1000 m

Chioggia

Chioggia

Aujourd'hui, le ciel jusqu'alors si bleu, si pur, s'est paré d'immenses draperies de nuages que le soleil perce par instants, projetant des halos ou des rayons qui incendient la lagune. Il ne pleuvra pas, Luciano et Massimo, les concierges de l'hôtel, après un bref coup d'œil sur le baromètre, l'assurent et il faut les croire. C'est le temps idéal pour une promenade entre terre et mer, vers Chioggia, ignorée de la multitude et c'est tant mieux. Chioggia, c'est une Venise en réduction, figée comme si elle vivait encore en 1950. Ici tu n'entendras pas parler l'anglais ou le chinois. Tu te promèneras librement, sur cette île carrée, reliée à la terre ferme par un petit pont. Quelques voitures dans la rue principale, hélas ! Mais discrètes et presque inoffensives.

Chioggia située à l'entrée sud de la lagune peut se rejoindre en bus depuis Piazzale Roma (*Horresco referens !*), en vaporetto (ligne saisonnière 19 depuis San Marco), en taxi si tu es fortuné !

En fait, le trajet qu'il faut utiliser quand on est un rêveur éveillé, c'est celui des *lidi*, qui te fera sentir la fragilité lagunaire et l'éternel combat de l'homme contre les éléments...

Embarquons d'abord sur le vaporetto, direction **Lido**. Stupeur, enfer et damnation ! Je les avais oubliées, les bagnoles nous attendent à l'arrivée, encore plus bruyantes et pétaradantes qu'à l'accoutumée. À deux cents mètres de là environ le gros bus jaune orangé n° 11 nous attend, direction Pellestrina (départ 10 h 25). Juste à côté, un kiosquier vend le ticket idoine qui mène à Chioggia.

Un *lido* (pluriel *lidi*) est un long cordon littoral sablonneux qui sépare la mer d'un ou plusieurs estuaires de rivières, qui se jettent ainsi dans une lagune d'eau saumâtre. En fonction des marées, du débit des rivières qui agit en sens contraire, poussée par les vents, sous l'influence des pressions barométriques, la lagune est une formation géologique terriblement mouvante et instable que les Vénètes n'ont cessé de chercher à stabiliser au cours des siècles. Celui de Venise est constitué de quatre sections, séparées par trois passes. Du nord au sud, le Lido de Iesolo, jusqu'au littorale del Cavallino, la passe du Lido, le Lido proprement dit, la passe de Malamocco, le littorale de Pellestrina, la passe de Chioggia et le Lido de Sottomarina.

Le bus traverse rapidement l'agglomération de Lido, longe le célèbre Hôtel des Bains, actuellement en pleins travaux et en passe d'être revendu en appartements, le délirant Hôtel Excelsior et le Palais du Cinéma. Le long de la plage se pressent les cabines de bain. On s'attend à voir surgir Thomas Mann... Et puis nous nous éloignons. Les belles villas laissent la place à des immeubles modestes. C'est là qu'habitent la plupart des Vénitiens qui travaillent, pour d'évidentes raisons budgétaires. Voici Malamocco et Alberoni où l'on embarque sur un ferry vers **Pellestrina**.

Le bus est prioritaire et la traversée ne dure que quelques minutes. Au loin, vers la haute mer, on voit d'immenses grues ; elles s'affairent au projet MOSE.

Le littoral de Pellestrina est une très étroite bande de sable, longue de plusieurs kilomètres, large d'à peine cent mètres, où l'on sent toute la vulnérabilité du système lagunaire. Protégée par un entassement cyclopéen de gros rochers qui date du temps des doges (les *murazzi*), la digue suit toute la côte adriatique. Elle domine de plusieurs mètres la seule route qui la longe. Le village s'étire, tout en longueur, bordé d'une haie de cannes de trois mètres de haut qui mettent les potagers à l'abri de la salinité du vent. Presque toutes les maisons sont en front de lagune, avec une vue au loin sur Venise, si proche et pourtant si lointaine, tant le temps, ici, semble être suspendu. Le long du quai s'amarrent de grosses barques, un peu comme les vaillants bateaux de pêche bretons, pourvues à leur proue d'un étrange dispositif, sorte de cage, que l'on immerge et qui, par un système de vibrations, drague impitoyablement les fonds à la recherche de la clovisse ou *vongola*. Aujourd'hui celle-ci est élevée dans des aqua-fermes. L'antique *vongola verace* (*tapes decussatus*) a été remplacée par une espèce plus résistante et plus prolifique (*tapes philippinarum*), et l'on n'utilise plus les filets de traîne plombés. Il faut bien fournir les restaurants de Venise... Au large de la lagune, quelques cabanes de pêcheurs, montées sur pilotis, comme les cabanes *tchanquées* du bassin d'Arcachon, ponctuent l'horizon. Les maisons de Pellestrina sont simples, comme celles de Burano. Mais la mode des façades peintes n'y est pas encore arrivée. Les gens se connaissent tous. Dans les bistrots on entend encore parler le vénitien. Il faut manger à l'*Osteria al campiello*, où sont attablés les ouvriers qui travaillent au chantier de Mose.

Au bout de Pellestrina le dernier vaporetto attend les passagers du bus pour une courte traversée vers Chioggia. On apponte près de l'Hôtel Grande Italia, une vieille chose surannée et pleine de charme. Sur la place, au-dessus d'une farouche colonne, un tout petit lion que les Vénitiens surnomment, par dérision, le *chat* de Chioggia.

Prends immédiatement à gauche, franchis le pont et bientôt tu arrives à l'**église Saint-Dominique** et son ensemble conventuel, qui occupe l'entièreté de l'îlot et qui renferme d'extraordinaires trésors. Le sacristain, qui affiche ses quatre-vingt-dix ans sans complexe, vaut à lui seul le détour !

Au-dessus du maître-autel, un époustouflant Christ en croix, tête tordue de douleur dans un atroce rictus, juchée sur un corps à peine achevé, on dirait un arbre, dont les bras immenses semblent des branches. Cette figure gigantesque est installée dans un encadrement monumental de marbre figurant, entre autres, les Évangélistes et les instruments de la Passion. La tête qui daterait du Xe siècle a été miraculeusement retrouvée par des pêcheurs dans la lagune. Derrière l'autel une grosse machine attend de hisser ce gigantesque crucifix pour lui faire parcourir les rues de la ville, en d'exceptionnelles occasions, ce qui eut lieu six fois.

À droite, dans la nef, un magnifique Carpaccio, *Saint Paul recevant les stigmates* sous la forme d'une croix qui lui transperce le cœur. Sa tunique est d'un rouge flamboyant. À gauche, un Tintoret. De la chaire de bois blanc, une main surgit, inquiétante et mystérieuse, qui brandit un crucifix de bois. À gauche de l'entrée, regarde le curieux *Saint Dominique* recueillant l'ultime confession de la tête décapitée d'une prostituée... Dans une petite chapelle à droite de l'entrée, toute une collection d'ex-voto naïfs représente des miracles survenus en mer.

En sortant, va flâner le long du quai à gauche, juste de l'autre côté du pont où sont amarrés les chaluts en attente. Chioggia est le troisième port de pêche d'Italie au bord d'une mer particulièrement poissonneuse.

Le **Corso del Popolo** descend vers le sud jusqu'à la *Piazzetta Vigo* toujours animée par un marché aux poissons. C'est la rue principale, bordée de quelques palais sans ostentation. Les placettes se succèdent, l'activité est intense à l'approche du magnifique marché aux poissons. Ici, tout vient de l'Adriatique. Les étals regorgent de marchandise et, comme il est près de midi, les poissonniers baissent leurs prix. À l'arrière sur le canal, perchées sur les *palli*, juchées sur les gouttières ou sur la balustrade du pont, les mouettes effrontées, en rangs serrés, attendent leur pitance, que leur lancent les marchands.

La **cathédrale** (Notre-Dame-de-l'Assomption), reconstruite par Longhena, possède de très belles chapelles baroques. Juste à l'arrière de celle-ci, un petit musée, intéressant, montre, entre autres, un superbe crucifix de Brustolon. L'église franciscaine est ornée sur son fronton d'un beau médaillon représentant des pénitents. L'église de la *Santissima Trinita*, désaffectée et transformée en musée, renferme de belles croix de procession, des sculptures baroques, une extraordinaire *Pietà* figurant Dieu le Père soutenant le corps de son fils, et de superbes plafonds peints. N'oublie pas le **Museo civico** de la lagune sud, qui dévoile sur trois niveaux l'histoire ancienne et récente des vaillants pêcheurs de Chioggia.

Il y a à Chioggia, dont les aimables habitants se plaisent à vous rappeler que leur ville fut fondée par les Grecs, bien avant Venise donc, une ambiance très particulière, une population strictement locale, d'agréables bars au soleil où déguster un verre de blanc sec ou un *spritz*, une animation tranquille dans cette belle avenue où se mêlent sans se déranger quelques voitures aux piétons, autant d'excellentes raisons de faire le voyage. Chioggia, c'est une Venise d'un autre temps où sont nées Rosalba Carrera, la pastelliste fameuse, et la Duse, l'égérie de D'Annunzio. Et puis le voyage à Chioggia est l'occasion de faire le meilleur repas de poissons et de fruits de mer de la lagune au restaurant *il Gato*, remarquable établissement (*Corso del Popolo, 653*).

En attendant le vaporetto, va te faire chauffer au soleil sur le Corso, le temps y passe plus lentement !
Et l'on refait le trajet dans l'autre sens. Le soleil déclinant teinte de toutes les nuances, qui vont du rouge au rose en passant par les violets et les parmes, le miroir lagunaire. Les énormes cumulus se fondent dans l'eau. La ligne d'horizon, limite ténue entre l'eau et le ciel, semble disparaître.

Si tu reprends l'itinéraire de l'aller, je te propose, une fois arrivé au Lido et avant de prendre le bateau pour San Marco, une petite escapade au-delà du cimetière juif vers le charmant aéroport Nicelli, tout près, conçu dans les années vingt (1920 !), qui a gardé son style d'époque, aujourd'hui lieu d'arrivée des jets privés et point de départ des balades privées en hélicoptère. C'est un peu de la nostalgie des années trente (1930 !) qui règne ici. On se prend pour le gros roi Farouk accompagné de ses quarante femmes, ou pour une star hollywoodienne venue récupérer son Lion d'Or. Lorsque cet aérodrome est devenu trop petit, et que les hydravions ont montré leurs limites, on a construit sur les *barene* de l'ouest une *première* aérogare qui avait littéralement les pieds dans l'eau pour le remplacer par l'actuel, distant de sept cents mètres du quai où attendent, nonchalants, les pilotes de *motoscafi*.

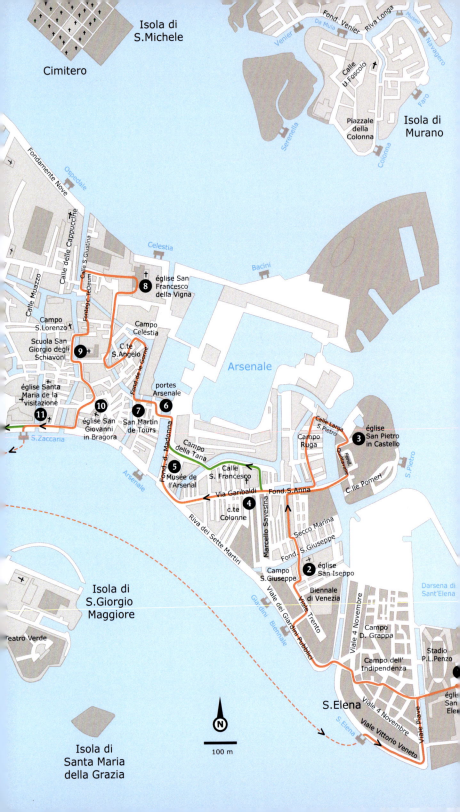

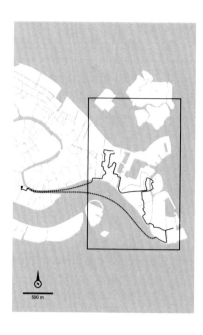

Sant'Elena, Giardini, Castello, San Francesco della Vigna

Après avoir acheté le journal chez mon kiosquier favori, je te propose de t'embarquer sur un vaporetto de la ligne 1, direction le Lido.

Tu commences à être familier des lieux, non ? Regarde défiler lentement les palais, le *Palazzo Venier dei Leoni* et sa tranquille terrasse, les hôtels de luxe, l'affreux Bauer-Grünewald (mais quel est l'imbécile qui a permis l'édification d'un blockhaus pareil dans un tel lieu ?), essaie de voir les angelots qui semblent accrochés aux marches du quai qui borde la Salute, et qui parfois, lorsque l'eau est particulièrement haute, boivent la tasse, laisse approcher la Piazzetta, et les deux colonnes entre lesquelles passent, inconscients du danger qu'ils courent, les touristes, admire la façade du Palais Ducal, tourne-toi, voici San Giorgio Maggiore, vois défiler les *Giardini*, et descends à la dernière station avant le Lido, **Sant'Elena ❶**.

Hélène, née vers 247, est morte en 327 à Nicomédie. Selon saint Ambroise, elle était la fille d'un simple aubergiste et fut séduite par Constance Chlore, alors officier des gardes prétoriennes, dont elle eut un fils, Constantin, en 274. Devenu César, Constance se sépare d'elle et épouse Théodora. Lorsque Constantin deviendra empereur à son tour, il appellera sa mère auprès de lui, en son palais à Trèves. À soixante-dix-neuf ans, Hélène fera le voyage à Jérusalem, où elle découvrira le lieu où reposaient les trois croix du calvaire. C'est la résurrection miraculeuse, au contact de la *vraie* croix, d'un mort, qui authentifiera la sainte relique qui sera transportée à Rome. Converti au christianisme par sa mère, vainqueur de Maxence au pont Milvius (*in hoc signo vinces*), Constantin fera du christianisme une religion d'État.

C'est sur cette île qu'échoua le bateau qui ramenait les restes de la célèbre sainte, et les Vénitiens de l'époque, plutôt que de renflouer le bateau, construisirent l'église qui héberge depuis lors le corps vénéré, à l'endroit même de l'envasement.

Tu passes devant le stade de football qui a l'air presque abandonné, il est vrai que Venise évolue en quatrième division ! Au bout d'une allée, tu arrives devant l'église précédée d'un campanile hideux, mais flanquée d'un beau cloître à deux étages. Sonne et l'on t'ouvrira ! Un prêtre, gardien des lieux, consent à guider la visite, en réalité à guider tes pas dans le labyrinthe de ce couvent presque abandonné. L'église à une nef ne manque pas de charme. La première chapelle à droite renferme le corps de la sainte dans une châsse de verre qui permet de la voir tout entière, et d'admirer son masque d'argent. Derrière l'église, un petit jardin bien entretenu, par un abbé horticulteur, contient plusieurs rangées de vigne, dont il tire un picrate exécrable, paraît-il. N'oublie pas, avant de prendre congé, une petite obole !

Retour sur nos pas, dans le *Parco della Rimembranze* qui longe des immeubles très XIXᵉ siècle. Petit tour dans ce jardin public. On en oublierait presque que l'on est à Venise. On se croirait plutôt dans une aimable station thermale en bord de mer. Ici, pas de canaux, pas d'agitation, juste quelques Vénitiennes tranquilles qui promènent leur progéniture ou leurs chienchiens à l'ombre des pins maritimes centenaires. Les pelouses du parc sont bien entretenues. Pas de canaux, pas de ruelles encombrées, aucun groupe touristique. Ici au moins, on peut faire du vélo et de la patinette.

Plus au nord, après avoir traversé le *Rio dei Giardini*, empruntons la *Riva dei Partigiani*, magnifique promenade, qui ménage une vue superbe sur San Giorgio Maggiore. Sur le quai, tu es ici entre l'eau et le périmètre de la Biennale (années impaires) où se dressent les pavillons nationaux : France, Belgique, Allemagne, dans un style très national-socialiste, Grande-Bretagne, Pays nordiques, etc., qui tous concourent à la grande fête de l'art, sous la haute autorité d'un commissaire qui change chaque fois. Première édition, 1895. À chaque Biennale, la ville acquiert une œuvre, exposée dans la Ca'Pesaro. Amusant de voir comment les goûts ont évolué.

Continue vers le nord, l'**église *San Iseppo*** ❷ (ou Giuseppe in Castello), ouverte le mardi soir à 18 heures (le Tintoret, magnifique bas-relief représentant la bataille de Lépante sur l'autel de gauche), traverse le canal et prends à droite le *Secco Marina* (belle vue sur le *Canale dei Giardini*), demi-tour et engage-toi dans la charmante ruelle *delle Furlane*, où habitaient les Frioulans, Italiens du nord de la Vénétie. Quelques oratoires naïfs, ornés de rosaces en bois, agrémentent les coins de rue. S'il fait beau, le linge sèche aux fenêtres, occasion de découvrir de ravissants dessous féminins, des collections d'ours en peluche, des caleçons de vieux grands-pères. Nous débouchons bientôt sur la *Fondamenta Santa Anna* qui longe un canal dont la partie sud a été comblée pour créer la *Via Garibaldi*, que nous prenons à droite. Au-dessus d'une porte, une belle dame de marbre allaitant un bébé joufflu, signale une ancienne consultation de pédiatrie (n° 993). Un peu plus loin, du sommet du pont *Quintavalle* récemment restauré et qui enjambe le Canale San Pietro, la vue est idéale sur le port, les maisons modestes, l'église San Pietro et son campanile, les murailles crénelées des arsenaux. On est, ici, loin de Venise et du faste de ses palais.

Un peu plus loin, à l'entrée de la *Calle del Campanilo*, un magnifique bas-relief représente une Vierge à l'Enfant qui tend, sous la double protection du Père Éternel et du Saint-Esprit, les clefs du paradis à saint Pierre affublé de la tiare pontificale.

L'église **San Pietro in Castello** ❸, agrémentée d'un ancien cloître décati reconverti en habitation, est la première église patriarcale de Venise. Elle est flanquée à droite de la maison du Patriarche qui y résida jusqu'au XIXe siècle. Un calice duquel émerge une hostie en marque le porche d'entrée. Aujourd'hui, tout est dans un état d'abandon mélancolique et la place, envahie par les herbes folles, a l'aspect des *campi* d'origine.

L'église majestueuse est en forme de croix latine à trois nefs, et est surmontée d'une énorme coupole.

L'intérieur de l'église, palladienne, entièrement baroquisée, est très lumineux. On peut y voir plusieurs monuments d'intérêt. La curieuse chaire de saint Pierre en fait une banale stèle funéraire musulmane. À côté, la tombe de saint Marcelin (Marcellino) qui a sûrement dû mourir en odeur de sainteté. Le maître-autel a été sculpté par Just Lecourt et est dédié à Lorenzo Giustiniano, le premier patriarche de Venise. Quelques croix de procession attendent d'aller prendre l'air. L'une d'elles figure le Paradis et l'Enfer, l'autre un grand Christ en croix, aux extrémités de laquelle sont représentées des têtes de *putti* en train de se bécoter ! Dans le transept gauche, la chapelle Vendramin, réalisée par Longhena, possède quelques superbes vanités, et une belle représentation en haut-relief du pape élevant Vendramin au cardinalat. Au-dessus de l'autel, un Luca Giordano. Sur le mur de gauche de la nef, un grand tableau représente le martyre de saint Jean en train de frire dans une grande marmite d'huile. Il en ressortira indemne, bien entendu... Sortons.

Sur le chemin dallé qui mène vers le pont en face, une pierre incongrue par sa blancheur marque l'endroit où se rencontraient le doge et le patriarche, à mi-chemin exact entre le quai et le porche de l'église. Il ne fallait pas que l'un donne l'impression de faire plus d'efforts que l'autre !

Traversons le pont et empruntons la *Salizzada Stretta* qui mène au *Campo di Ruga*. À gauche se trouve le *sottoportego Zurlin*, le plus bas de la ville (*attenzione alla testa !*). Nous nous baladons dans un quartier populaire, les enfants courent, l'odeur de cuisine parfume les cours. Arrivés sur le quai et juste après avoir franchi le *Rio San Daniele*, prenons tout de suite à droite, sur la *Fondamenta della Tana*. Petit détour qui permet d'apprécier les hauts murs crénelés de l'Arsenal, de voir sur le mur d'une maison une plaque de marbre réglementant la vente des poissons, et, un peu plus loin, un extraordinaire siège du Parti communiste italien, peint en rouge comme il se doit, avec à la droite de son entrée une belle niche contenant un Christ arborant le Sacré-Cœur ! L'alliance de Don Camillo et de Peponne.

Mais retournons sur la **Via Garibaldi** ❹, ancien *rio* asséché, lieu de vie authentique à Venise, avec ses petits commerces, ses bistrots, les vrais Vénitiens, un kiosque à journaux qui ne vend pas de presse étrangère. En face de l'église une plaque annonce qu'il y avait ici, au temps jadis, un hôpital caritatif qui s'occupait des putains (*ospedale delle Pute*). Sur le beau portail sculpté, un saint Pierre Martyr et son énorme hachoir dans la tête...

Juste à côté, tu peux faire une halte agréable au *nuovo Galeon*, restaurant de quartier très sympathique (*Via Garibaldi, 1309*). Salue Sergio de ma part !

Un peu plus loin, sur une façade à gauche, un bas-relief représentant une... lionne, et vers les Zattere une plaque annonçant la maison où vécurent les Caboto, plus connus sous la forme anglicisée de Cabot. Giovanni (John) découvrit le Canada pour le roi d'Angleterre, et son fils Sebastiano, le Rio de la Plata, pour l'empereur d'Espagne. Éclectique, cette famille d'aventuriers !

Nous arrivons maintenant dans le quartier de l'**Arsenal**. Le **Musée naval** ❺ vaut mieux qu'un simple coup d'œil. Il est surtout intéressant d'y voir les belles maquettes de bateau, d'y lire les explications concernant le chantier naval, de voir d'innombrables armes, des souvenirs de toute sorte, et la maquette du dernier Bucentaure, cette massive galère que le doge empruntait une fois l'an, le jour de l'Ascension, pour renouveler les épousailles de Venise avec la mer, en y jetant un anneau nuptial d'or : *Nous t'épousons, ô mer, en signe de véritable et perpétuelle domination !* Bonaparte, pour humilier la ville, fit couler ce bateau, après l'avoir incendié. Il y a beaucoup de souvenirs de la bataille navale de Lépante (Naupacte, dans le golfe de Patras) où s'illustra la flotte vénitienne associée aux Espagnols (Miguel de Cervantès y perdit un bras).

Les Vénitiens avaient mis au point de lourdes galéasses, au nombre de six, entièrement armées de canon tirant dans toutes les directions, qui désorganisèrent la flotte ottomane, prise d'assaut par les marins espagnols. La capture, la prompte décapitation, la mise en bout de mât de la tête fraîchement tranchée de l'amiral de la flotte turque, achevèrent de démoraliser l'ennemi et emportèrent la victoire. La flotte ennemie fut anéantie et trente mille cadavres jetés à la mer. Cette bataille, dans laquelle les Vénitiens eurent un rôle technique considérable, marqua un coup d'arrêt à l'expansionnisme ottoman et eut un grand retentissement en Occident. C'était le 7 octobre 1571.

En sortant du musée prenons à droite, franchissons le pont et arrêtons-nous un instant devant les **portes de l'Arsenal ❻**, gardées par de dérisoires lions de pierre à l'air farouche. Ils sont quatre, de provenances diverses. Ce qui paraissait terrible n'est plus aujourd'hui qu'un décor d'opérette. À l'intérieur, les gardes, tels des subrécargues pointilleux, empêchent d'entrer dans ce vaste périmètre où tout n'est plus qu'abandon, pierres disjointes, briques lépreuses, darses vides, herbes folles.

Au bout de la *Fondamenta di Fronte*, à gauche, l'**église San Martino ❼** renferme, gravée dans le marbre du sol, la représentation des outils des *arsenalotti*. À droite de l'église, la Scuola de San Martino est ornée d'un beau bas-relief représentant le saint tourangeau. Prenons en face la *Fondamenta dei Penini* (pieds de moutons bouillis) qui longe un canal silencieux la séparant des hautes murailles de l'Arsenal. Au bout à gauche, sous un moine pointant le ciel du doigt, et encadré de deux hérissons (emblèmes de la famille Erizzo), un joli *sottoportego* très bas de plafond. À droite puis à gauche, franchissons le pont, et au *Campo Ternita* à droite vers le *Campo Celestia*. Là aussi c'est la Venise profonde, pleine de charmes, même si les immeubles, de modestes constructions récentes, n'ont aucun intérêt architectural. Aucun ? Eh bien, décidément, ces incroyables Vénitiens me surprendront toujours ! Dans le *Ramo Baffo*, lève les yeux, tu verras un palais dont un pan de mur, par souci de symétrie sans doute, est factice. On dirait le palais des vents à Udaïpur en Inde. Et puis tout près, presque à la station du vaporetto, un arc de triomphe inutile, adossé à un immeuble, fait un cadre de rêve à la lagune si proche. On est à la Celestia !

Retournons en arrière, jusqu'à la *Calle del Cimitero* qui nous conduit à quelques pas au vaste ensemble de **San Francesco della Vigna** ❽.

Érigée au XVIᵉ siècle sur un plan de Sansovino, selon la symbolique du nombre 3, telle qu'enseignée par le moine kabbalistique Zorzi, agrémentée d'une austère façade de Palladio, l'église est l'une des plus grandes de la ville. Dans la cour du *patronato*, une petite chapelle marque l'endroit exact où saint Marc eut sa vision (*Pax tibi Marce...*). Remarque aussi, dans les médaillons, le symbole des franciscains, deux avant-bras en croix, l'un marqué du clou, celui du Christ, l'autre des stigmates, celui de saint François.

L'intérieur renferme de très nombreux chefs-d'œuvre, le Véronèse, Bellini, Tiepolo. Dans le transept gauche, admire l'émouvante chapelle de saint Jérôme, ciselée par les frères Lombardo, la *Vierge à l'Enfant*, *Saint Jérôme*, quelques épisodes de sa vie, le Jugement universel. Sur les côtés, en bas-reliefs adoucis, Pietro Lombardo a représenté les douze prophètes et seize épisodes de la vie de Jésus. Attarde-toi devant le tableau représentant la *Vierge trônant en adoration devant l'Enfant*, du mystérieux Antonio da Negroponte. Une merveille. As-tu remarqué que la robe de la Vierge est faite de papier coloré, légèrement chiffonné et collé ?
Et puis déambule dans les deux cloîtres, il n'y a jamais personne. Partout des dalles funéraires incitent à la méditation... L'une d'elles est celle d'Antonio Gastaldo, compagnon de l'art des calfatiers. Une galée en cale sèche y est gravée.

Giovanni di Pietro Bernardone (1181-1226), plus connu sous le nom de saint François, est né à Assise, d'un père riche marchand et d'une mère d'origine provençale qui lui vaudra le sobriquet de Francesco. À l'instar de nombreux grands mystiques, sa jeunesse est dissipée, beuveries, rixes, prison. Il se rêve chevalier ! Mais il fréquente aussi les chapelles et, à vingt-trois ans, alors qu'il prie devant un crucifix, il entend une voix qui lui enjoint d'aller restaurer son église en ruine. Prenant ces paroles à la lettre, il vend tous ses biens et répare les chapelles des environs. Son père veut le faire interner et François, débarrassé de ses riches vêtements, ne doit son salut qu'à la protection de l'évêque qui cache sa nudité sous un pli de son habit. Il épouse Dame Pauvreté, et rapidement des compagnons le rejoignent au sein d'une petite communauté. En 1210, le pape Innocent III, qui l'a vu en rêve relever les ruines de Saint-Jean-de-Latran, valide la première règle de sa communauté. Pendant la cinquième croisade il fait un rocambolesque voyage en Palestine pour tenter de convertir Al Kamil, le neveu de Saladin. De retour, il fonde officiellement l'ordre des Frères mineurs (franciscains), les Pauvres Dames (clarisses), et le Tiers Ordre qui est une fraternité séculière.

Il confie la direction de l'ordre à Pierre de Catane et se retire dans un ermitage modeste. En 1224 il recevra les stigmates, et meurt deux ans plus tard. On doit à saint François le Cantique des Créatures (*Loué sois-tu, Seigneur, pour ma sœur, la mort corporelle...*), premier texte écrit en toscan, ancêtre de l'italien. C'est pour lui rendre hommage qu'on introduisit progressivement l'usage de la crèche de Noël. Au XIVᵉ siècle parurent les *Fioretti*, recueil de cinquante-trois histoires charmantes et merveilleuses, dont celle du loup de Gubbio, qui contribuèrent à renforcer sa légende.

Sortons par le porche principal, allons jusqu'au quai, à gauche, puis franchissons le rio à droite.

Le détour suivant est possible : par la *Salizzada Santa Giustina* et son magnifique portail gothique et puis la première ruelle à droite qui te conduit vers un vieil édifice, orné de bas-reliefs représentant sainte Barbe (*Calle dei Bombaseri*). Reprends la *Calle Zorzi*, au bout à gauche, courte promenade sur la *Fondamenta San Giorgio degli Schiavoni* qui longe l'arrière de l'église San Lorenzo, désaffectée, qui renfermerait les restes de Marco Polo.

Nous voici bientôt arrivés devant un autre des joyaux de Venise, la **Scuola San Giorgio degli Schiavoni** ❾ et le cycle de Carpaccio, *Saint Georges, Saint Tryphon, Saint Augustin*.

Assieds-toi, savoure ces toiles délicieusement narratives, arrête-toi aux innombrables détails, aux cadavres démembrés des victimes du dragon, à la princesse terrorisée, à la mine piteuse de la bête lorsqu'elle est tenu en laisse, à la jambe de bois d'un moine fuyant le lion, au perroquet, au lévrier, au lion à la patte blessée, à la pintade, au castor, à la fuite des moines apeurés. Le dernier tableau, qui représente saint Augustin dans son cabinet de travail en train d'écrire à saint Jérôme, est exceptionnel. Outre les couleurs faites de tons rouges très chauds, Carpaccio a figuré avec un grand souci du détail la bibliothèque d'un érudit, livres, objets de collection, rouleaux manuscrits ; un petit chien observe son maître. En bas à droite, une partition est peinte en trompe-l'œil. Elle a été déchiffrée et, si tu as de la chance, le gardien des lieux te fera entendre, sur son CD, la musique qui y est transcrite. L'auteur est inconnu. Instant de pure émotion.

Juste derrière la Scuola se trouve un vaste ensemble conventuel appartenant à l'ordre de Malte, et qui donne sur un vaste terrain herbeux. Dans l'église, fermée depuis des lustres, mais aujourd'hui en travaux, se trouve un Giovanni Bellini.

Élève de Gentile Bellini, Vittore Carpaccio (1460-1526), de son vrai nom Scarpazza, tient une place tout à fait singulière dans cette époque de grands peintres. Il a réalisé surtout de grands cycles pour les Scuole, où, malgré la taille des toiles, on est confondu par son talent de miniaturiste, son génie de la narration, ses couleurs très chaudes, son amour des paysages qui font de lui un *vedutiste* avant l'heure. Il ne domine pas l'art de la perspective, mais sait mettre beaucoup de fantaisie et de sentiment dans ses toiles, la nourrice de sainte Ursule si triste à son départ, les monuments imaginaires, les Orientaux enturbannés, les animaux de fantaisie, une végétation exotique... Carpaccio n'est pas un peintre mystique, plutôt un grand naturaliste en avance sur son temps.

Engage-toi sur la *fondamenta dei Furlani*, puis la *Salizzada San Antonin*, avant de déboucher sur le *Campo Bandiera e Moro*. La très belle église **Giovanni in Bragora** ❿, où fut baptisé Vivaldi, renferme toute une série de Cima, de Vivarini, Palma, Paris Bordone... Les horaires d'ouverture sont peu complaisants (9h - 11h, 15h30 - 17h) et l'église est généralement gardée par le curé qui arpente les allées en faisant semblant de lire son bréviaire tout en surveillant d'un air soupçonneux les visiteurs. Derrière l'église, le joli *Campiello Piovan* (place du curé), où la vie semble s'être arrêtée, ménage une belle vue sur l'église et son clocher à peigne.

Si tu aimes la musique, entre dans l'église **Santa Maria della Visitazione** ⓫ (ou la Pietà), dont Antonio Vivaldi fut le maître de chapelle. Car Venise est indissociable de la musique, de Monteverdi dont la pierre tombale est toujours fleurie, de Baldassare Galuppi, gloire de Burano qui écrivit tant d'opéras, de Bartolomeo Cristofori qui inventa le piano-forte, jusqu'à l'austère Luigi Nono.

Regagnons la *Riva degli Schiavoni* et profitons de la douceur du soir.

N.B. Cet itinéraire est un peu plus court que les autres. Si tu es en avance, tu peux en profiter pour flâner le long de la *Riva degli Schiavoni* vers San Zaccaria, toute proche, et rentrer par la place *San Marco* avant de regagner l'hôtel par une des trois variantes décrites (flânerie 7).

Lido

San Lazzaro
degli Armeni

Isola San
Servolo

Arsenale

Isola di
S. Giorgio Maggiore

Isola di
Santa Maria
della Grazia

S. Zaccaria

S. Giorgio

église du
Redentore

Zitelle

La Grazia

Piazza
S. Marco

Canal Grande

Dogana

église du
Redentore

San Clemente

Pensione
Accademia

Zattere

Palanca

église
Santa Eufémia

Canale della Giudecca

La Giudecca

S'Elena

Sacca Fisola

Sacca S. Biagio

Bacino Stazione Marittima

N

500 m

DIXIÈME FLÂNERIE

Les îles du sud, Giudecca, San Giorgio Maggiore, San Lazzaro degli Armeni, San Servolo

Aujourd'hui je te propose une petite balade mélancolique, hors du temps et de la foule, vers les deux îles du sud, la Giudecca, autrefois appelée *Spinalonga* en raison de sa forme en arête de poisson, l'île où l'on réside et où l'on travaille, et *San Giorgio Maggiore*, l'île où l'on prie, étudie et médite. Tu peux compléter la journée par la visite de deux autres îles : *San Lazzaro degli Armeni* et *San Servolo*. Pour y aller, prends le vaporetto aux Gesuati (ligne 82) pour une courte traversée jusqu'à la Palanca, où se trouvent deux bons restaurants pratiquement côte à côte (*Ae Botti* et *la Palanca*).

Partons d'abord vers l'ouest. La promenade sur la *fondamenta Santa Eufemia*, parfois battue par les vagues, est magnifique. On ne se lasse pas de contempler la Sérénissime de l'autre côté, si proche et pourtant si lointaine, avec la ligne des Zattere que les campaniles ponctuent par endroits. L'église **Santa Eufemia**,

169

charmante, déserte, possède un beau Vivarini. Elle conserve quelques restes byzantins. Elle possède son cloître et des bâtiments annexes, que le bedeau sympathique te laissera visiter. Plus loin, les anciens moulins Stucky, convertis en hôtellerie dite internationale qui a sauvé cet ensemble construit par les Autrichiens, et les entrepôts Fortuny qui vendent les tissus et objets de décoration du célèbre Catalan. Plus loin encore, *Sacca Fisola*, une île artificielle construite en 1960 sur laquelle on a bâti des résidences à loyer modéré, et juste à côté, l'île des poubelles, *Sacca San Biagio* et son usine d'incinération. Passons...

Perdons-nous dans les ruelles, vers le sud, qui cheminent entre de hauts murs. L'herbe folle pousse entre les pierres disjointes. De grands couvents abandonnés et fantomatiques se cachent derrière des murs lézardés. Personne... Quelques entrepôts rouillés, les mouettes et l'éblouissement de la lagune sud. On remonte le long du *Rio del Ponte Lungo* pour retrouver la *fondamenta San Giacomo*.

Au 137 de la *fondamenta della Croce* se trouve une belle demeure, achetée à la fin du XIXᵉ siècle par un Anglais excentrique nommé Eden qui avait l'ambition d'en faire un jardin merveilleux, à l'égal de ceux du Kent. Il en fit un livre, *Jardin à Venise*. Après bien des vicissitudes, ce jardin devint la propriété de Hundertwasser, le plasticien autrichien bien connu pour son goût pour les orties et les herbes folles. Du jardin d'Eden (ou jardin d'Éden ?) que l'on ne visite pas, il semblerait qu'il ne reste rien !

Rendons-nous maintenant à l'**église du Redentore**.

Construite par Palladio pendant le dogat d'Alvise Mocenigo (entre 1577 et 1592), pour s'attirer les faveurs divines et stopper la vague de catastrophes qui s'étaient abattues sur Venise (peste de 1575, incendies), l'église du *Redentore* est un édifice austère, majestueux, tout en longueur pour accueillir les processions. Il y avait à cet endroit un petit ensemble conventuel tenu par les franciscains, et le doge dut promettre à la communauté d'alors que le nouveau temple, respectueux de la règle des Frères mineurs, garderait un aspect modeste, et ne serait jamais une nécropole pour personnalités illustres. C'est ce qui explique sans doute la sévérité presque janséniste du lieu.

La façade tient du temple grec avec ses quatre demi-colonnes à chapiteaux corinthiens et ses frontons triangulaires, l'inférieur inscrit dans les deux colonnes internes et le supérieur reposant sur l'ensemble. Les statues de deux saints illustres s'inscrivent dans deux niches, saint François et saint Marc, œuvres de Giusto Le Court. À l'arrière un puissant dôme hémisphérique est surplombé par la statue du Christ Rédempteur, et flanqué à l'arrière par deux campaniles aux allures de minaret. La simplicité et l'harmonie de cet ensemble, dont tous les éléments vous tirent vers le ciel, sont éblouissantes. On raconte (mais que ne raconte-t-on pas à Venise ?), que certaines poutres, utilisées pour la construction, auraient été récupérées sur les galées qui participèrent à la victoire de Lépante.

La nef unique, lumineuse, est bordée de chapelles latérales sur le thème de la Passion du Christ (Francesco Bassano, Palma le Jeune, Tintoretto). Outre de beaux tableaux (Vivarini, Véronèse), la sacristie expose de magnifiques têtes de franciscains en cire, exécutées *post mortem*, et saisissantes de vérité.

La première fête du Redentore se tint le 21 juillet 1577 à la suite d'une peste qui anéantit la moitié de la ville. Cette grande fête, que l'on appelle aussi la Sagra (sacrée), continue d'avoir lieu le troisième dimanche de juillet, et est prétexte à de grandes festivités. Après avoir traversé le canal de la Giudecca sur un pont flottant de 360 mètres de long (autrefois le pont partait directement de San Marco et parcourait 620 mètres !), construit par le génie militaire, la foule se rend à la messe votive, célébrée par le patriarche. D'innombrables bateaux, ornés de lampions, remplis de familles heureuses qui ripaillent, s'ancrent devant les Zattere. Le soir un feu d'artifice est tiré. On dit que c'est le plus beau du monde.

Un peu plus loin, l'église des **Zitelle**, construite pour le couvent des vieilles filles, et le célébrissime Hôtel Cipriani, seul hôtel à posséder une *vraie* piscine, dixit la publicité !

L'île de San Giorgio Maggiore est à une encablure de là et l'on pose le pied sur le *Campo San Giorgio*, majestueux, bordé à droite par un vaste ensemble conventuel, au fond par l'église et à gauche par un délicieux port de plaisance, dont l'entrée est marquée par un petit phare trapu, et où se balancent mollement des voiliers venus d'un peu partout.

Il y a de bien beaux couchers de soleil à Paris, mais il y a quelque chose de plus beau encore à Venise, lorsqu'on revient du Lido… L'île de San Giorgio Maggiore avec son église, son dôme, son clocher de briques… Tous ces édifices baignés d'ombre, puisque la lumière est derrière eux, ont des teints azurés, lilas, violets, sur lesquels se dessinent en noir les agrès des bâtiments à l'ancre ; au-dessus d'eux, éclate un incendie de splendeurs, un feu d'artifice de rayons. Le clocher de San Giorgio Maggiore, avec son ombre opaque qui s'allonge au loin, tranche en noir sur cet embrasement aquatique… ce qui lui donne l'air d'avoir sa base au fond de l'abîme (Théophile GAUTIER, *Voyage d'Italie*)

L'église de Palladio en impose avec son fronton triangulaire supporté par quatre colonnes, flanqué de deux contreforts qui l'élargissent. Le reste de l'église est resté de briques crues. À la croisée du transept et de la nef, une vaste coupole hémisphérique éclaire l'intérieur. L'édifice est lumineux, imposant, presque glacial. De très puissantes colonnes soutiennent la voûte. Tout n'est que symétrie, ordre, simplicité apparente. L'ensemble, dépouillé, est à peine réchauffé par les stalles en bois du chœur (admirable *Cène* du Tintoret, en face, *La Récolte de la Manne*). Dans les bas-côtés, nombreuses toiles de Bassano, du Tintoret et une rare représentation du *Miracle de sainte Lucie* que mille bœufs n'arrivent pas à traîner au bordel où veut l'envoyer son bourreau. Essaie d'aller voir la chapelle de la déposition, celle du conclave, et la sacristie, mais le gardien n'est pas accommodant.

La vue du campanile est l'un des plus beaux spectacles que l'on puisse imaginer. Seul, tu découvres Venise d'un peu loin, cette agglomération si dense hérissée de clochers, la place Saint-Marc, la Giudecca, la Douane de Mer, le Lido, et tout l'ensemble conventuel de l'île.

Il est indispensable, mais difficile, de visiter la fondation Cini qui occupe tout le couvent. Articulé autour de deux cloîtres (délicieusement ornés de cyprès et de lauriers), cet immense espace, longtemps laissé à l'abandon, dévasté par la soldatesque napoléonienne puis autrichienne, a reçu une nouvelle vie grâce à un généreux mécène, opposant à Mussolini, éphémère ministre, qui lui consacra une grosse partie de sa fortune après la mort de son fils.
Le magnifique escalier de Longhena conduit aux bibliothèques anciennes et à l'ancien dortoir, la *manica lunga*, long de 128 mètres et bordé par les anciennes cellules. Des milliers, des dizaines de milliers de livres d'art, dûment répertoriés, tapissent les murs, que personne ne vient plus consulter. Gutenberg assassiné par Steve Jobs. Mais il y a pire. Dans le réfectoire figurent *Les Noces de Cana* de Véronèse, une toile immense, dix mètres sur sept, de 1562, où l'artiste a représenté cent trente-deux personnages, une Vierge en noir préfigurant la mort de son fils, un agneau découpé en tranches, exactement au-dessus du Christ, un sablier sur la table. Mais aussi, Bassano en joueur de cornet, Tintoret de viole, Titien de basse et Véronèse de viole de gambe.

Admirable toile, *in situ*, allant de mur à mur. On se prend à rêver… Le problème ? C'est un faux, la fidèle photocopie de l'original qui est au Louvre, volé par Bonaparte !

Délogée, dénaturée, que devient une œuvre d'art lorsque, au terme d'un pèlerinage… elle n'est plus qu'une image au statut incertain, privée d'identité et de destination, après avoir été vidée des vertus magiques que lui prêtaient des fidèles crédules, mais vidée aussi du respect de sa nature matérielle, d'œuvre d'art, réduite à n'être plus que le support contingent de la fébrilité névrotique du tourisme de masse ? [...] Sous forme d'une copie parfaite, les Noces de Cana ont donc été réinstallées. Elles sont à l'emplacement même où Véronèse les avait peintes, [...] elles ont retrouvé la finalité qu'elles avaient eue [...] leur sens éclate à nouveau [...] Il ne s'agit que d'une copie, mais si parfaite et si heureusement installée qu'on éprouve devant elle une joie bien supérieure à celle que procure, [...] parmi d'autres tableaux, la toile originale. C'est un événement considérable [...] Que vaut-il mieux, d'un original qui, une fois déposé au musée, a perdu sa destination, ou de sa copie qui, en retrouvant la destination de l'original, finit par retrouver son sens ? (Jean CLAIR, L'Hiver de la culture).

Dans le parc juste derrière, et qu'on ne visite plus, se trouvait la piscine municipale, où tous les petits Vénitiens, adultes aujourd'hui, ont appris à nager, il n'y a pas si longtemps.

Reprends le vaporetto vers la *Riva degli Schiavoni*. À 15 h 10, le vaporetto tout proche (ligne 20) te conduit à l'**isola San Servolo** et à l'**isola San Lazzaro degli Armeni.**

La première a été longtemps le siège d'un couvent bénédictin (IXᵉ siècle) jusqu'au XVIIIᵉ. Napoléon en fit un hôpital pour ses troupes ainsi qu'un asile d'aliénés. Ce dernier restera en fonction jusqu'en 1978. Depuis peu, cet imposant ensemble immobilier abrite un centre de promotion multiculturel. On peut visiter un musée de l'aliénation et des traitements pour le moins énergiques que l'on appliquait aux déments de l'époque.

Quelques minutes de vaporetto plus tard, et te voilà arrivé à l'**île des Arméniens** et son couvent mékhitariste. La visite guidée est obligatoire, sous la houlette d'un moine qui te dira tout du père fondateur, Mékhitar, venu là en 1717 redresser les ruines d'une ancienne léproserie. Ce cadre classique d'un ensemble conventuel du XVIIIe siècle abrite un véritable bric-à-brac de collections diverses, momie égyptienne enveloppée dans son habit de perles de verre dont beaucoup sont de Murano, manuscrits rares conservés dans une bibliothèque réfrigérée, tableaux dont un magnifique Tiepolo, marbre de Canova représentant l'Aiglon... Dans le jardin, lord Byron aimait à méditer avant de rentrer à Venise à la nage... On le suit ?

George Gordon Byron (1788-1824) est un des plus illustres poètes anglais, dont la vie aventureuse a fait l'archétype du Romantique. Il est affligé d'un pied bot qu'il compense par une chaussure orthopédique et par la pratique intensive du sport, course et natation. C'est un homme d'une grande beauté, mais une âme torturée. En 1809 il effectue son premier voyage vers l'Orient, Lisbonne, Cadix, Malte, Constantinople, puis retourne en Angleterre deux ans plus tard. En 1815 il se marie, mais c'est un désastre sentimental et financier. En 1816 il quitte définitivement l'Angleterre pour la Suisse où il rencontre Shelley, puis pour Venise où il réside au Palazzo Mocenigo. Il se passionne pour les Arméniens de Venise dont il apprend la langue, puis quitte Venise pour Missolonghi en Grèce où il meurt de la malaria au milieu de Grecs insurgés luttant pour leur indépendance. Ils en feront un héros national. Son corps sera rapatrié dans son pays d'origine.

BIBLIOGRAPHIE

Sur cette ville passionnante et passionnelle, il y a eu tant et tant de livres écrits, qu'une ébauche de bibliographie est vaine. Beaucoup d'ouvrages, parmi les plus intéressants, ceux qui sortent des sentiers battus, sont en italien.

Pour l'**histoire** de la ville, on ne peut que conseiller *Une histoire vénitienne* (Frederic Lane), et sur la technique de la **construction**, l'excellent *Venezia e una città* (Franco Mancuso).

Beaucoup d'**essais**, de livres d'humeur sur ce sujet éternel, parmi lesquels l'indispensable *Visa pour Venise* (Morris Lewis), ou *Venise est un poisson* (Tiziano Scarpa). Il est passionnant de relire les **récits littéraires** de nos illustres devanciers, le président de Brosses (*Lettres familières écrites d'Italie*), Casanova (*Mémoires de ma vie*), Goethe (*Voyage en Italie*), Chateaubriand (*Mémoires d'outre-tombe*), Taine (*Voyage en Italie*), Th. Gautier (*Italia*), Suarès (*Voyage du Condottiere*), Morand (*Venises*), G. Sand (*Lettres d'un voyageur*) et tant d'autres qui ont écrit des livres admirables. Si le **dénigrement** te tente, plonge-toi dans *Contre Venise* de Régis Debray, plus à l'aise dans les guérillas sud-américaines. Les **mémoires** d'illustres Vénitiens en disent plus sur la ville que bien des descriptions arides, Goldoni, Casanova, Da Ponte.

Sur les rayonnages des **guides de voyage**, ma préférence va vers le Guide vert (Michelin), et le très personnel *Venise* d'Hugo Pratt. Les amateurs de **curiosités** se délecteront de l'extraordinaire *Venise insolite et secrète* (Paola Zoffoli), et de *Curiosità Veneziana* (Giuseppe Tassini).

Tous les grands **peintres** vénitiens ont eu droit à un beau livre illustré dont il est intéressant, en fonction de ses goûts, de posséder l'un ou l'autre, Titien, Véronèse, Bellini, Carpaccio, Tintoretto, Giorgione, Tiepolo. On serait inspiré de consacrer un livre à l'admirable Cima dont il n'existe que quelques catalogues d'exposition, et à la famille Vivarini. *Le rose Tiepolo* de Roberto Calasso est remarquable, et changera l'opinion légère que tu pouvais avoir sur ce peintre tourmenté.

Venise a inspiré d'innombrables auteurs de **livres d'art et de photographies.**

Enfin, prends garde d'oublier la **musique** ! En dégustant une *grappa* que tu réchaufferas tendrement dans la paume de ta main, confortablement installé dans la torpeur postprandiale, écoute Monteverdi, l'un des créateurs de l'opéra en Italie (*Le Couronnement de Poppée*), Antonio Vivaldi, le Prêtre roux, emblème de la musique vénitienne (*La Notte*, *l'Estro armonico*, nombreux concertos, important répertoire sacré), Giovanni Gabrieli (*Sacrae symphoniae*), Baldassare Galuppi (opéras et cantates), Antonio Caldara (compositeur prolixe, 3000 œuvres, 87 opéras, 32 oratorios...) et Tommaso Albinoni (dont l'œuvre a presque totalement été détruite pendant le bombardement de Dresde), pour son œuvre instrumentale miraculeusement sauvée (le célébrissime *Adagio* qui meuble le silence des ascenseurs et masque le grésillement des écouteurs téléphoniques en attente, est une œuvre largement apocryphe !).

INDEX

Musées

Scuole

ENCADRÉS

TABLE DES MATIÈRES

L'HARMATTAN, ITALIA
Via Degli Artisti 15; 10124 Torino

L'HARMATTAN HONGRIE
Könyvesbolt ; Kossuth L. u. 14-16
1053 Budapest

ESPACE L'HARMATTAN KINSHASA
Faculté des Sciences sociales,
politiques et administratives
BP243, KIN XI
Université de Kinshasa

L'HARMATTAN CONGO
67, av. E. P. Lumumba
Bât. – Congo Pharmacie (Bib. Nat.)
BP2874 Brazzaville
harmattan.congo@yahoo.fr

L'HARMATTAN GUINÉE
Almamya Rue KA 028, en face du restaurant Le Cèdre
OKB agency BP 3470 Conakry
(00224) 60 20 85 08
harmattanguinee@yahoo.fr

L'HARMATTAN CAMEROUN
BP 11486
Face à la SNI, immeuble Don Bosco
Yaoundé
(00237) 99 76 61 66
harmattancam@yahoo.fr

L'HARMATTAN CÔTE D'IVOIRE
Résidence Karl / cité des arts
Abidjan-Cocody 03 BP 1588 Abidjan 03
(00225) 05 77 87 31
etien_nda@yahoo.fr

L'HARMATTAN MAURITANIE
Espace El Kettab du livre francophone
N° 472 avenue du Palais des Congrès
BP 316 Nouakchott
(00222) 63 25 980

L'HARMATTAN SÉNÉGAL
« Villa Rose », rue de Diourbel X G, Point E
BP 45034 Dakar FANN
(00221) 33 825 98 58 / 77 242 25 08
senharmattan@gmail.com

L'HARMATTAN TOGO
1771, Bd du 13 janvier
BP 414 Lomé
Tél : 00 228 2201792
gerry@taama.net

Imprimé en France
par Arts'Print Numeric - 24, rue de Vire - 14110 Condé-sur-Noireau
N° d'Imprimeur : 01295 - février 2016